El gran libro práctico del microondas

COLECCIÓN COCINA

Laura y Margherita Landra

EL GRAN LIBRO PRÁCTICO DEL MICROONDAS

EDITORIAL DE VECCHI, S.A.

Editorial De Vecchi, S. A.
Balmes, 247. 08006 BARCELONA
Depósito legal: B. 11.949-1994
ISBN: 84-315-0268-1

Índice

MENÚS

RECETARIO

Introducción

Nuestra época se caracteriza por un ritmo de vida cada vez más agotador y por una considerable disminución del tiempo libre. Como consecuencia de este estado de cosas surge la necesidad de hacerlo todo mucho más rápidamente, incluso en la cocina. Las nuevas tecnologías han aparecido como ayuda precisamente en el campo culinario poniendo en manos del consumidor hornos de microondas, cada vez más sofisticados y con extraordinarias prestaciones. En resumen: en la cocina la aportación tecnológica ha cambiado la forma de guisar, resolviendo el problema cotidiano de hacerlo todo de prisa y bien.

La cocción en el horno de microondas es una nueva forma de cocinar, más rápida, más fácil, más agradable, más sana que la tradicional, que permite obtener platos gustosos y variados, exaltando el sabor y la genuinidad de todos los alimentos, sin alterar sus propiedades naturales. Permite además descongelar y calentar en tiempos brevísimos platos ultracongelados, que cada vez utilizamos en mayor cantidad, conservando el aspecto y el aroma de los alimentos frescos.

El horno de microondas hizo su aparición en los Estados Unidos en la década de los años cincuenta, para satisfacer las exigencias de las familias americanas, a continuación se extendió rápidamente en el Japón y, con algo de retraso, en Europa, donde en la actualidad es muy apreciado.

La rápida y progresiva difusión del horno de microondas se explica fácilmente por el hecho de que este electrodoméstico responde en forma más adecuada al nuevo estilo de vida de los consumidores europeos, más preocupados hoy que en otras épocas por la forma física y, en consecuencia, por una alimentación sana.

En Europa, tras haber superado prejuicios y desconfianzas, el horno de microondas continúa obteniendo, cada vez más, el favor del público, si bien sigue abierta la polémica sobre la nocividad para la salud de la emisión de microondas.

El horno de microondas cuece, calienta y descongela cualquier alimento; incluso pueden desecarse plantas y flores, manteniendo su belleza tanto en el aspecto como en el color.

El horno de microondas es un aparato que no ocupa mucho espacio, a semejanza de un televisor, que puede ser de distintas medidas; puede ir encajado o apoyado en un soporte; lo único que necesita es una toma de corriente.

También se encuentran hornos de microondas portátiles, para las vacaciones, en el barco, en una *roulotte*, en un camping, etc.

La tecnología moderna, en continuo desarrollo realiza cada vez productos más versátiles y en condiciones de efectuar prestaciones distintas, acordes con las exigencias y las necesidades de su utilización.

Pueden tener una única intensidad de potencia o dos mandos, con potencias variables; mando de descongelación, base giratoria o base fija; en este último caso los hornos van provistos de una rejilla móvil situada a la mitad de su altura.

En todos los hornos de microondas se encuentra un pequeño ventilador que sirve para difundir uniformemente las vibraciones alrededor de los alimentos, alejándolas de las paredes y concentrándolas sobre el producto introducido.

Todos los hornos, además, tienen una puerta de vidrio especial que permite controlar la cocción y algunos mandos que varían de acuerdo con el tipo y la posición.

En estos últimos años se han fabricado hornos de microondas cada vez más sofisticados:

— aparatos multifunción, llamados combinados;

— aparatos de programación electrónica con fichas;
— aparatos compactos;
— miniaparatos.

Los hornos combinados unen a la cocción por microondas la tradicional mediante infrarrojos o por circulación de aire caliente y el grill.

Las distintas modalidades de cocción pueden ser empleadas solas o combinadas, ofreciendo así una excepcional totalidad en su uso; por ejemplo, permiten el dorado de los alimentos, lo que resulta imposible en los normales hornos microondas.

Muy recientes son los aparatos dotados de programación electrónica de las recetas, en fichas, de tratamiento delicado de los alimentos, con indicadores automáticos para la determinación del peso de los alimentos y el correspondiente tiempo de cocción, con sonda termométrica, para el control de la temperatura interna de los alimentos. Los modelos compactos se han creado para resolver los problemas de espacio y se pueden encajar en el interior o debajo de las estanterías.

En los «minihornos» de microondas se han introducido los mecanismos más modernos; por lo tanto son más versátiles y, al mismo tiempo, más económicos.

Qué son las microondas y cómo tiene lugar la cocción

Las microondas son un fenómeno natural, presente en el universo. En efecto, nosotros vivimos sumergidos en campos de ondas electromagnéticas que nos iluminan, nos calientan, difunden los programas de la radio y de la televisión.

Las microondas son ondas electromagnéticas, de altísima frecuencia que cubren un espectro muy amplio, el espectro electromagnético; cambian de naturaleza de acuerdo con la frecuencia de la oscilación y la longitud de onda. Hay quienes opinan que pueden ser perjudiciales, pero esta teoría no se encuentra avalada por pruebas.

Las microondas se utilizan en las comunicaciones vía satélite, para el diagnóstico y tratamiento en medicina e, incluso, para guiar a los aviones en la fase de aterrizaje. Las que se emplean en la cocina tienen una longitud de onda de 10 a 15 cm y una frecuencia de 2,450 MHZ (2.450.000.000 de oscilaciones por segundo). Las microondas son generadas por el «Magnetrón», una válvula termoiónica, que tiene la propiedad de transformar la energía eléctrica en energía electromagnética, indispensable para la cocción de los alimentos. Las microondas actúan sobre las moléculas de agua contenidas en los alimentos;

éstas, al absorber las ondas electromagnéticas, oscilan rápidamente, provocando un roce que se transforma en calor, necesario para la cocción.

Con las microondas, por lo tanto, la cocción tiene lugar en tiempos brevísimos, pero en forma gradual, del exterior hacia el interior; el calor producido por las vibraciones penetra hasta la profundidad de 2 o 3 cm; la parte interna se cuece por conducción, es decir, por contacto.

La cocción del alimento continúa, por lo tanto, también durante el tiempo de «reposo», cuando ya ha sido detenido el flujo de microondas.

Además, el calor, al difundirse, calienta sólo el alimento y no los utensilios y el aire, como sucede, en cambio, en el horno tradicional.

Por esta razón el horno de microondas se puede abrir en cualquier momento sin que se modifique la temperatura interna, no calienta la cocina y no permite la salida de vapores ni olores

Las microondas tienen tres propiedades: reflexión, penetración y absorción.

En efecto, son reflejadas por los metales, atraviesan y penetran materiales como el papel, la cerámica, el pirex, el vidrio, el mimbre, la madera, el barro cocido, el plástico, etc., y son absorbidas por las moléculas de los alimentos compuestas por grasas, azúcares, y, sobre todo, agua.

También las operaciones de calefacción y descongelación de los alimentos resultan casi inmediatas por la escasa pérdida de humedad, que favorece la persistencia del sabor y el aspecto de alimento fresco.

Además, la cocción mediante el microondas resulta muy sana y ligera, porque utiliza las grasas que ya se encuentran en los alimentos y permite reducir o, incluso eliminar totalmente, los condimentos perjudiciales para nuestra salud.

Por otra parte, los alimentos conservan inalterados todos sus valores nutritivos, porque no pierden sales ni vitaminas y su aspecto aparece más fresco, ya que no han soportado la agresión del calor. La cocción por microondas es, también, económica. Permite ahorros de tiempo de hasta el 90 % y de energía eléctrica hasta el 70 %. Su coste de empleo viene a resultar una cuarta parte de un aparato eléctrico.

Materiales, utensilios y accesorios

Casi todos los materiales con los que se fabrican habitualmente los recipientes de cocina son aptos para la cocción en el horno de microondas, excepto los metálicos o con adornos y detalles metálicos, dado que el metal, comportándose como un espejo, rechaza las microondas, obstaculizando de ese modo la cocción de los alimentos.

Tampoco son convenientes los recipientes de cristal que, por su contenido en plomo son susceptibles de rotura.

Pese a ello, la elección entre los recipientes continúa siendo amplísima; cada uno con tiempos y temperaturas distintas, es adecuado para cocer o calentar los alimentos más variados.

Los materiales más aconsejables son: papel, cartón, vidrio, pirex, porcelana, barro cocido, cerámica, plástico, madera, mimbre, etc.

• Los contenedores más prácticos para su utilización son los de **papel** o **cartón**: desde las servilletas, a los vasos y los platos de un solo uso.

Se emplean para la cocción o para calentar alimentos que no contengan salsas ni jugos.

El tiempo de permanencia en el horno ha de ser corto para evitar que se quemen.

Las servilletas de papel pueden ser utilizadas para envolver el pan y absorber la humedad durante el tiempo de calefacción.

• Los recipientes de **vidrio** o **vitro-cerámica** están muy indicados, son bonitos y pueden ser llevados directamente a la mesa.

• El **pirex**, que es transparente, permite el control de la cocción de los alimentos a través del vidrio de la puerta, sin dispersión del calor durante la cocción.

La mayor parte de los recipientes en pirex, en porcelana o en cerámica tienen la ventaja de que suelen estar provistos de tapadera, que resulta muy útil para la cocción rápida y más uniforme, ya que no se produce la menor salida de grasas ni vapor.

No disponiendo de la tapadera adecuada, se puede recurrir a una hoja de papel aceitado, algo pesada (que se sujeta a los bordes con una cuerdecita) o a película transparente; jamás debe de utilizarse papel de estaño ni aluminio, porque son de base metálica.

Se recomienda destapar el producto salido del horno con un guante o una agarradera, para evitar quemaduras.

• Casi todos los **recipientes de plástico**, cada vez más abundantes en la cocina, pueden llevarse al horno de microondas.

Un buen criterio que puede utilizarse para confirmar que el contenedor es adecuado es el de controlar si lleva la indicación de apto para ser introducido en el lavavajillas.

Se ha de hacer una excepción para el tipo de plástico llamado «melamina», que resulta inadecuado porque absorbe la energía producida por las microondas, impidiendo la cocción.

No es conveniente la utilización del plástico para los alimentos ricos en grasas o azúcares, porque pueden deformarse por efectos de la calefacción.

• Las **bolsas de plástico**, oportunamente perforadas, son ideales para la cocción de verduras y frutas y, muy especialmente, para el descongelado de los alimentos.

• Las cazuelas de **barro cocido** están especialmente indicadas para la preparación de guisos, estofados, asados, que resultan muy gustosos, sin necesidad de una cocción prolongada ni precedentes adobos.

• Incluso la **madera** y la **paja** pueden llevarse al horno de microondas, recordando que sólo pueden permanecer corto tiempo y a temperatura moderada.

Por esta razón los recipientes y tablas de madera y las cestitas de mimbre, están indicados para calentar alimentos secos, como panecillos, rebanadas de pan, pastas y brioches.

• También la **forma del recipiente** es muy importante, porque tiene incidencia en el tiempo de cocción; por efecto de una simple ley física los alimentos cuecen muy rápidamente en recipientes anchos y bajos, mientras en los altos y estrechos requieren mayor espacio de tiempo.

Se ha de recordar que la duración de la cocción aumenta proporcionalmente al volumen y a la densidad de los alimentos y que cuanto menor sea la temperatura inicial más prolongado resulta el tiempo de cocción, de calefacción y de descongelación; el alimento sacado del congelador necesita, por lo tanto, mayor tiempo de cocción que el que se encuentra a la temperatura ambiente.

Cada tipo de cocción requiere una intensidad de potencia distinta: baja, para cocciones delicadas, elevada para cocciones más fuertes. Por lo tanto es preciso establecer cuidadosamente los tiempos y la intensidad para cada tipo de cocción y en función de los alimentos elegidos y los distintos tipos de preparaciones.

En lo que hace referencia a los utensilios y accesorios que completan los distintos tipos de hornos de microondas y que sirven para la consecución de los mejores resultados, diremos que son útiles, pero no indispensables:

• El **plato grill**, también llamado fondo especial o recipiente para dorar, que permite obtener el dorado superficial de las comidas; no puede acoplarse a los modelos más sencillos de microondas.

Es un recipiente en vitro-cerámica, revestido en su fondo por una sustancia especial que tiene la propiedad de transformar la energía de las microondas en calor.

Tiene la función de un asador normal, aunque su aspecto sea distinto, porque, calentado al máximo durante algunos minutos se calienta en forma tal que dora la superficie de los alimentos; al mismo tiempo recoge, mediante una acanaladura apropiada, los jugos que los alimentos pierden naturalmente durante la cocción.

El plato-grill se lleva al horno vacío, se programa la cocción y se lo mantiene durante unos minutos (el tiempo y el grado de calor cambian de acuerdo con el tipo de alimento y la anchura del recipiente). El plato grill puede tener distintas formas y dimensiones; si es ancho el pre-calentado debe ser más prolongado.

Es preciso untar ligeramente el alimento antes de disponerlo en el plato-grill; por ejemplo, el asado debe de ser envuelto en delgadas lonjas de panceta, jamón crudo o speck, sujetos con un bramante. Este utensilio es muy indicado para asar los bistecs, las hamburguesas, las costillas, para preparar pinchitos y salchichas, para tostar quesos y bocadillos, para dorar pollos, asados y para calentar y hacer crocantes los alimentos cocidos empanados, como los cortes de pescado.

• El **plato rotatorio** es un accesorio que acompaña a los hornos dotados de base giratoria.

Es un plato que gira alrededor de su eje central, efectuando así una cocción uniforme y perfecta de los alimentos.

• El **termómetro-sonda** es un utensilio que sólo acompaña a algunos modelos de microondas.

Sirve para controlar la temperatura interna de ciertos alimentos, como grandes pedazos de carne, o para calentar los líquidos a la temperatura deseada.

De esta forma se puede controlar también el punto de cocción de la carne, para que resulte «a la sangre», rosada o bien cocida, de acuerdo con los propios gustos.

El termómetro-sonda se ha de introducir siempre en el centro de la carne, cuando ésta aún está cruda, de forma que la aguja no sobresalga más de 2 cm.

El sensor, es decir, la punta de la aguja, no debe de hallarse en contacto directo con la grasa ni el hueso, porque éstas son las partes que se calientan con mayor rapidez y, por lo tanto, el termómetro nos daría valores equivocados.

Se ha de procurar que el termómetro quede bien introducido en el alimento y que durante la cocción no toque la puerta ni las paredes del horno.

Cuando la parte interna de la carne alcanza la temperatura programada, el termómetro bloquea el horno y la cocción, manteniendo caliente la carne durante cerca de una hora.

El tiempo preestablecido aparecerá en un indicador situado al lado de los mandos.

Llegado al término, el termómetro-sonda, empieza a descender gradualmente hasta cero, momento en que se bloquea automáticamente. Este utensilio es muy práctico cuando se quiere calentar un líquido a una determinada temperatura, resultado difícil de obtener por los métodos tradicionales, y evita que se caliente en exceso o no llegue a la temperatura deseada.

• La **parrilla metálica** es una pieza extraíble; consiste en un accesorio exclusivo de algunos hornos de microondas y se puede situar en la base del horno o a la mitad de su altura.

Se utiliza cuando se quieren cocer varios alimentos en los dos planos, ya que ofrece las posibilidades de una cocción diferenciada. Los alimentos colocados en la parte superior absorben el 70 % de la intensidad inicial de las radiaciones, mientras las colocadas en el plano inferior absorben el restante 30 %.

Esta parrilla puede ser plana o presentar dos curvas que sirven para poder aprovechar mayor espacio en el interior del horno.

Se puede utilizar en dos posiciones: con la curva hacia arriba cuando el recipiente que requiere espacio en vertical se coloca en el plano del horno o con la curva hacia abajo cuando el contenedor se coloca sobre ella.

Los alimentos que se colocan en la parrilla no precisan que se les dé la vuelta, porque también recibe microondas por la parte inferior.

Si la parrilla no se utiliza se ha de sacar del horno.

• La **tartera** es una cazuela de aluminio, revestida de una sustancia especial, que crea una elevadísima fuente de calor en el interior del recipiente, es muy indicada para la cocción de pizzas o tartas.

• La **parrilla-asadora** es un accesorio utilísimo para la preparación de carnes y embutidos.

Dada su reversibilidad, es ideal para la preparación de asados, utilizando la parte alta y el lado menos profundo para tostar.

• La **parrilla para descongelar** sirve para evitar el contacto entre los alimentos y los líquidos que se forman en la descongelación; además crea una corriente de aire que favorece la rapidez de la operación.

• La **cafetera** en material no metálico puede ser pequeña, para hacer el café «a la italiana» o de mayor tamaño, para hacerlo «a la americana», es decir, más largo, utilizando un filtro de papel.

• La **cazuela de barro** está especialmente indicada para las cocciones largas, en particular para los guisos, estofados, ragú, etc.

• El **micropop** es un accesorio que en pocos minutos, con un puñado de granos de maíz, «fabrica» frescas y crujientes «palomitas».

Modalidades de cocción de los alimentos

Los alimentos cocidos en el microondas prosiguen la cocción incluso cuando ya se han sacado del horno; por lo tanto es preciso aguardar unos cuantos minutos para que ésta llegue a su término de una forma uniforme, que tiene lugar desde el exterior hacia el interior. Este tiempo se llama «tiempo de reposo».

Por esta razón siempre conviene cocer los alimentos un poco menos de lo que es realmente necesario, sacándolos con cierta anticipación del horno, para evitar que se cuezan en exceso. El tiempo de reposo es variable y depende de la densidad y el peso de los alimentos y de los tiempos de cocción que se han elegido. Para lograr una buena cocción es muy importante la forma en que el preparado se coloca en el horno.

Conviene colocar la parte más alta de los alimentos en el borde, ya que las microondas empiezan a cocer desde el exterior hacia el interior y emplear recipientes de medida idónea; si es excesivamente ancho, el contenedor deja que los jugos se dispersen por el fondo, sin permitir que el alimento adquiera un sabor uniforme, dada la rapidez de la cocción.

También es preciso, dar vuelta y mezclar los alimentos con una espátula o una cuchara de madera; jamás debe utilizarse un tenedor para agujerear la carne, pues hace perder los jugos y, quizá, raye el fondo del recipiente.

1. Dar vuelta

2. Girar

3. Mezclar

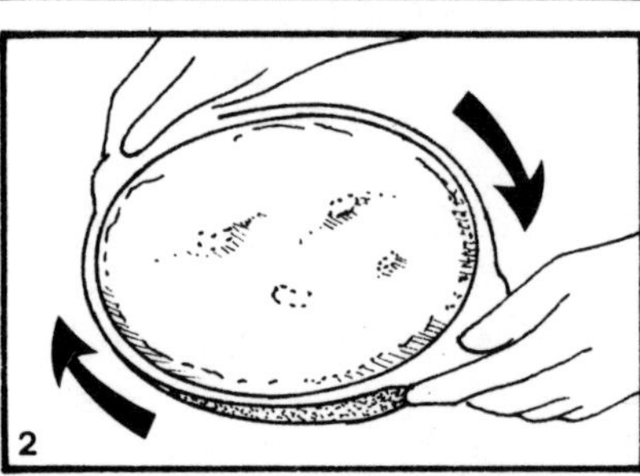

Para lograr una cocción uniforme en todas las partes es conveniente girar el recipiente, de forma que el lado que queda en la parte delantera del horno vaya a parar al fondo.

Para favorecer la mejor distribución del calor y acelerar los tiempos, casi todos los alimentos es preferible que se encuentren cubiertos; se pueden emplear tapaderas o platos colocados boca abajo o bien, como ya se ha indicado, una película transparente convenientemente horadada.

De esta forma el vapor se condensa sobre la cobertera y vuelve a caer en el alimento, que se calienta en forma más uniforme.

En cambio la tapadera se desaconseja para los alimentos muy ricos en líquido, como las salsas de tomate, los caldos, las sopas, etc. El tapado es también muy útil durante las fases de descongelación que tiene lugar en forma gradual e intermitente; pocos segundos de microondas, pocos segundos de reposo, y así sucesivamente hasta la totalidad de la descongelación, para evitar que la parte interna permanezca congelada.

Se puede controlar el punto de cocción de un alimento en cualquier momento, abriendo el horno; dado que éste no se calienta, la cocción no resulta bloqueada.

Se ha de tener presente que cada tipo de cocción precisa una diversa intensidad de potencia: intensidad baja para cocciones delicadas, intensidad elevada para cocciones más fuertes.

Algunos alimentos requieren una particular y constante atención: se trata de los delicados, como los huevos, cremas, quesos, setas, caracoles, despojos, leche, sopa de cebolla, «bagna cauda», etc.

Para la perfecta cocción se recomienda regular la intensidad respetando escrupulosamente las tablas de los tiempos de cocción.

En el horno de microondas se puede guisar absolutamente todo, de manera perfecta y en tiempo brevísimo.

Sólo es preciso poner en práctica algunas reglas, que constituyen la base indispensable para lograr alcanzar lo mejor de este utensilio. Al principio, la aplicación requerirá un poco de paciencia y de atención, pero muy pronto, con la práctica, los resultados serán sorprendentes y los menús de cada día se harán más rápidos, más sanos y mucho más variados. El horno de microondas, a diferencia del clásico, permite la preparación de todos los alimentos, con excepción de los fritos, los huevos con cáscara y el dorado superficial de los alimentos.

Se pueden preparar, por lo tanto, entremeses, sofritos, salsas, jugos de distinto tipo, sopas espesas o con caldo, carne, aves, pescados, verduras, huevos, quesos, dulces, frutas y bebidas.

• Los **entremeses** se preparan a la perfección, especialmente los calientes a base de verdura, de huevos y queso. Muchos se pueden preparar anticipadamente y mantener en el congelador o calentarlos en el momento de servirlos.

• Los **sofritos**, muy empleados en la cocina, pero de difícil digestión, resultan perfectos, porque requieren escaso condimento, ya que no es absorbido por la rápida cocción.

• Los **jugos** y las **salsas** se preparan muy bien con el microondas, no se «agarran» al fondo de los recipientes y no precisan el mezclado a continuación.

Se cuecen en recipientes anchos y bajos, sin taparlos, para que pierdan parte del líquido contenido, salándolos muy poco al principio de la cocción, para que las verduras pierdan con mayor rapidez su agua.

Para las salsas más delicadas y las preparadas a base de tomate, es conveniente emplear al principio una intensidad de potencia elevada para pasar, a continuación, a una inferior.

• **Menestras secas**. Los tiempos de cocción de la pasta y el arroz en el horno de microondas es, aproximadamente, el mismo que requiere la cocción tradicional; estos alimentos, en efecto, necesitan algún tiempo para readquirir el agua que han perdido durante la desecación.

Tiene sin embargo la enorme ventaja de mantener el sabor y la integridad nutritiva de los ingredientes, de no tener que ser mezclados a continuación y no «pegarse» en el fondo del recipiente.

• **Sopas caldosas**. Precisan menor cantidad de líquido, porque en el horno de microondas la evaporación es muy escasa.

Es conveniente cocer los ingredientes directamente en la sopera o en las tazas individuales y tapar las más caldosas, para evitar las salpicaduras.

La sal sólo debe ser añadida al final de la cocción o durante el tiempo de reposo, porque es deshidratante.

Para llevar a ebullición el líquido se ha de emplear la intensidad de potencia más elevada y reducirla cuando se ha añadido la pasta o el arroz.

• Las **carnes**, para que resulten suaves y tiernas, se han de cocer tapadas; de esta forma se favorece la mejor distribución del calor y se evita que se deshidraten, resultando duras y estropajosas. Las carnes que se preparan en el microondas experimentan una pérdida de peso inferior a las guisadas por los sistemas tradicionales, y requieren poco o ningún condimento.

Hay que atenerse siempre escrupulosamente a los tiempos de cocción y de reposo indicados en las tablas y tener bien presente la temperatura inicial de la carne en el momento del empleo: si se ha mantenido a temperatura ambiente o en el frigorífico; en este último caso la cocción precisa prolongarse algunos minutos más.

Los pedazos grandes de carne deben ser cocidos directamente sobre la parrilla, en lugar de en un recipiente, recordando que se ha de colocar un recipiente en la base del horno para recoger el jugo; en este jugo pueden disponerse verduras hervidas para darles sabor. Las partes más grasas de la carne se colocarán inicialmente en el fondo, dándoles después la vuelta para terminar la cocción.

Para las carnes conviene utilizar recipientes que las contengan exactamente, añadir un poco de líquido, eliminar parte del que se desprende durante la cocción (para acelerar el tiempo) y empezar siempre a cocer con una intensidad elevada para pasar a continuación a una inferior.

Dado que las microondas no proporcionan a la carne una superficie dorada se puede, una vez acabada la cocción, o durante el tiempo de reposo, apoyarla bajo el grill de un horno normal o recurrir al plato-grill, que funciona como una parrilla, después de haberla untado con mantequilla o con aceite.

En carencia de este utensilio, puede obtenerse el dorado espolvoreando la carne con pimienta, paprika o pan rallado.

Las carnes han de estar siempre completamente descongeladas, secas y sólo se deben de salar una vez terminada la cocción.

Para lograrlas bien asadas, se han de mantener levantadas del jugo, mediante un plato puesto boca abajo, darles la vuelta con una paleta o una cuchara de madera y no pincharlas, para evitar la dispersión de sus jugos naturales, que las haría duras y secas.

Para lograr asados más sabrosos y con un dorado más uniforme, es conveniente mantenerlos en adobo en aceite, vino, hierbas, o bien untarlos con mantequilla u otros condimentos; el dorado superficial puede completarse en el horno tradicional, en un hornillo o en plato grill.

Los estofados y las carnes guisadas requieren poquísimo tiempo, poquísimo líquido y una intensidad moderada.

Los bistecs y las costillitas se deben de cocer en el plato-grill muy caliente, después de haberlos limpiado de las eventuales pielecillas y capas de grasa que los rodean, para evitar que se abarquillen durante la cocción.

Las salchichas y los choricitos se han de pinchar antes de la cocción para evitar que estallen.

• La **volatería**, el **conejo** y la **caza** son carnes ideales para la cocción en microondas, porque quedan tiernos y suaves, aunque no dorados. La coloración superficial se puede lograr en un segundo tiempo en el hornillo, en el horno tradicional o en el plato-grill.

Basta untarlos con algo de condimento, no salarlos (la sal endurece las carnes y hace que se rompa la piel), atar las patas y las alas con un cordel de cocina, mojado e incoloro, envolver las extremidades en papel de estaño porque, siendo partes prominentes, resultarían extremadamente cocidas.

A mitad de la cocción es conveniente separar el papel de estaño, para que todo quede cocido en forma uniforme, disponer los volátiles con el pecho en el fondo del recipiente, colar el jugo que han soltado, especialmente si se trata de ocas o patos.

El recipiente durante el tiempo de reposo ha de permanecer siempre tapado.

Tabla indicadora de los tiempos de cocción de las carnes

Carne	*Peso*	*Tiempo (min)*
Buey, costillas	500 g	8-10
Buey, costillas	1 kg	12-13
Buey, costillas	1-2 kg	12-20
Cordero	500 g	10-11
Cordero, costillitas	500 g	5
Cordero deshuesado	500 g	9-10
Jamón deshuesado	500 g	10-11
Jamón deshuesado	1 kg	18
Jamón enlatado	500 g	8
Jamón con hueso	500 g	9
Filete entero	1 kg	12
Lomo deshuesado	500 g	12-13
Ternera con hueso en corte	1 kg	20-22
Ternera deshuesada	500 g	15

Tabla indicadora de los tiempos de cocción de las aves

Carne	*Peso*	*Tiempo (min)*
Faisán	1 kg	20
Gallina entera	1 kg	15
Oca	3 kg	60
Pato entero	1,5 kg	25
Pavo, muslos	500 g	11
Pavo entero	3 kg	30
Pollo entero	1 kg	15
Pollo troceado	1 kg	8
Pollo, 1 ala	150 g	4
Pollo, 1 muslo o 1 pechuga	180 g	4-5
Pollo, 3 pedazos	450 g	10-11

• Todos los **pescados, crustáceos** y **productos del mar**, se pueden cocer en el microondas. Tan sólo se excluyen los fritos.

Debido a la rapidez de la cocción, los pescados resultan suaves y sabrosos, manteniendo su sabor natural.

Durante la cocción y el tiempo de reposo es conveniente cubrirlos con una tapadera o una película transparente perforada en varios puntos, que permitan la salida del vapor. Los pescados enteros han de descongelarse previamente a la cocción, porque es necesario limpiarlos, mientras las rodajas y los filetes de pescado pueden cocerse apenas sacados del envase aún ultracongelados. Deben colocarse de manera que las partes más duras y más difíciles de cocer se encuentren en los bordes del recipiente y las más blandas hacia el centro. Los crustáceos (gambas, cangrejos, langostas, etc.) se deben cocer enteros, con su cáscara, en cazuela destapada, al natural o rociados con un poco de aceite o espolvoreados con especias (curry, pimienta, dulce o picante, etc.) que harán más sabroso el aceite de cocción.

Todo tipo de mariscos con valvas, después de bien lavados y limpios, se pueden cocer en el microondas, sin adición de líquidos o condimentos, siempre que se coloquen en un recipiente, tapados, y se revuelvan a mitad de la cocción.

Tabla indicadora del tiempo de cocción del pescado

Pescado	*Peso*	*Tiempo (min)*
Lubina	500 g	8
Dentón entero	500 g	8
Lenguado	500 g	4-5
Bacalao	500 g	8
Merluza	500 g	4-5
Pez espada a rodajas	500 g	4-5
Salmón a rodajas	500 g	4-5
Salmonete	500 g	4-5

Tabla indicadora del tiempo de cocción del marisco

Marisco	*Peso*	*Tiempo (min)*
Almejas (12)	—	3
Caracoles	500 g	4
Mejillones	1 kg	5
Langostinos	200 g	4
Cangrejos	500 g	6
Ostras (6)	—	5
Cigalas limpias	250 g	2
Cigalas enteras	800 g	6

• Las **verduras frescas** se cuecen en poquísima agua, porque las microondas aprovechan la que ya contienen naturalmente; de esta forma se conservan inalteradas sus propiedades nutritivas, resultando muy sabrosas y de color brillante por la rapidez de la cocción.

Es preciso tapar el recipiente para obtener una cocción más uniforme; el vapor que se desprende queda retenido por la tapadera y acelera la cocción.

La sal se añade sólo en el momento de servirlas, para evitar que las verduras se sequen en exceso.

TABLA INDICADORA DE LOS TIEMPOS DE COCCIÓN DE LAS VERDURAS

Verduras	*Peso (g)*	*Tiempo (min)*
Apio	500	8-10
Berenjena a dados	500	8
Bróquil fresco	500	7-10
Bróquil congelado	500	7-8
Calabacín a rodajas	500	5-6
Calabacín congelado	500	6-8
Calabaza a pedacitos	500	10
Coles de Bruselas	500	5
Coles de Bruselas congeladas	500	4
Coliflor	500	10
Espárragos frescos	500	8-10
Espárragos congelados	500	7-8
Espinacas frescas	500	3-4
Guisantes frescos	500	10
Guisantes congelados	500	7-8
Habichuelas frescas	500	12-14
Habichuelas congeladas	500	7-8
Patatas troceadas	500	8
Setas frescas troceadas	500	3-4
Zanahorias a rodajas	500	5-6
Zanahorias congeladas	500	6-8

Las verduras más ricas en fibra, como las zanahorias, las alcachofas, el apio, requieren mayores cantidades de agua para que resulten más blandas.

También es preciso pinchar las verduras con piel, como los pimientos, los calabacines, las patatas, las berenjenas, los tomates, las cebollas, para evitar que se rompan.

Las patatas con piel cuecen con mayor rapidez que las peladas.

Para obtener una cocción uniforme los pedazos de verdura deben ser del mismo tamaño; si se trata de verduras de distinta calidad, se han de colocar en los bordes del recipiente las más duras y las restantes en el interior, dejando un hueco en la parte central para lograr una cocción más rápida.

Todas las verduras frescas requieren una intensidad elevada y se han de mezclar durante la cocción; las verduras congeladas y después descongeladas, no necesitan agua y suelen emplear el mismo tiempo que las frescas.

• Los **huevos** requieren una cocción más rápida que la normal. Es un alimento muy delicado y continúan cociendo a causa del calor acumulado, posteriormente al tiempo programado. En el horno de microondas no se pueden cocer los huevos con cáscara, es decir, ni duros, ni pasados por agua, porque la velocidad de cocción, a causa de la presión que se forma en el interior, los haría estallar.

Pueden prepararse, en cambio, huevos en camisa, al plato, revueltos, fritos o en tortilla, los crêpes, etc.

El tiempo de cocción depende del tamaño y de la temperatura inicial de los huevos: ambiente o frigorífico. No deben usarse al propio tiempo huevos de distintas dimensiones o diferente temperatura, ya que en ese caso la cocción no resultaría uniforme.

La yema, más rica en grasas que la clara, se cuece más de prisa; es preciso agujerearla con un palillo o un alfiler, para evitar que se rompa. La clara se acabará de cocer durante el tiempo de reposo en recipiente tapado.

• Los **quesos** se cuecen perfectamente, en pocos segundos en el horno de microondas; requieren una cocción muy breve porque son alimentos muy delicados; una cocción prolongada podría endurecerlos. Se ha de utilizar una intensidad de potencia baja.

Se pueden preparar exquisitas «fondues» y salsas para servir calientes con tostadas, con verduras o como acompañamiento de los primeros platos, carnes, tartas, etc.

• Los **dulces**. Con el microondas se pueden realizar todas las tartas que no sean de levadura, hojaldre o pasta «brissé».

El tiempo de cocción es tan rápido que no llegan a dorarse ni se forma la clásica costra superficial.

Para obviar este inconveniente, una vez desmoldadas, se pueden espolvorear con azúcar de brillo o cacao, recubrirlas con crema, nata o una glasa.

El color también se puede lograr untando con mantequilla la tartera y espolvoreándola con bizcocho o almendrucos bien picados, antes de echar en ella el compuesto que vamos a cocer.

Es preferible emplear moldes «savarin» (en anillo), en vidrio, porcelana o plástico y utilizar todos los ingredientes a temperatura ambiente, tapar los recipientes con papel aceitado o película transparente e interrumpir la cocción de la tarta antes de que haya acabado totalmente.

Es conveniente comer las tartas poco rato después de haberlas sacado del horno, porque tienen tendencia a endurecerse.

• Los **budines** y las **cremas** no exigen ser mezclados continuamente, ya que se cuecen uniformemente por todas sus partes y no se «pegan» al fondo del recipiente.

Sólo es preciso girar el recipiente a mitad de la cocción y sacarlo del horno antes de que se haya solidificado completamente.

• Cualquier tipo de **fruta** se cuece en tiempos brevísimos en el horno de microondas sin necesidad de añadirle agua; de esta forma conserva todas sus vitaminas, el sabor, el color y el aroma natural. Se puede cocer la fruta entera o a pedazos; en este último caso han de ser todos del mismo tamaño y se colocan en el recipiente formando corona, dejando el centro vacío y cierto espacio entre uno y otro; de esta forma se obtendrá una cocción uniforme.

En el horno de microondas también se puede cocer la fruta seca: albaricoques, mecolotones, ciruelas, higos, pasas, etc.

Puede cocerse tras un corto espacio de tiempo a remojo en agua caliente o directamente en el horno, en un recipiente muy ancho, tapado con película transparente, que sólo se separa al llevarla a la mesa.

• Con el microondas se pueden preparar exquisitas **mermeladas** y **confituras**, que mantienen inalterado el color y el sabor.

TABLA INDICADORA DE LOS TIEMPOS DE COCCIÓN DE LA FRUTA

Fruta	*Peso (g)*	*Tiempo (min)*
Albaricoques frescos	500	5
Albaricoques secos remojados	500	7
Ciruelas frescas	500	6
Ciruelas secas	500	7
Manzanas enteras	500	6
Manzanas troceadas	500	4
Melocotones frescos	500	6
Melocotones troceados	500	5
Peras frescas	500	6
Peras troceadas	500	4
Plátanos	500	1,30
Ruibarbos troceados	500	5

Conviene utilizar recipientes de bastante capacidad para dejar suficiente espacio a la ebullición. Además es preferible poner al inicio sólo una parte del azúcar, añadiendo el resto al final.

• Son múltiples las **bebidas** que se pueden preparar con el horno de microondas: té, café, chocolate, manzanilla, tisanas, etc. Bastan muy pocos segundos para obtener la temperatura exacta.

Además se pueden calentar rápidamente las preparadas con el método tradicional, sin que se altere el sabor ni el color.

El tiempo de permanencia en el horno depende de la temperatura inicial del líquido empleado, del tipo de recipiente y del número de los mismos.

El horno de microondas es muy útil cuando se deseen satisfacer los deseos de varios invitados, porque las bebidas pueden ser preparadas y calentadas directamente en los vasos o las tazas que se llevan a la mesa.

Es aconsejable el empleo del agua ya caliente y recipientes monodosis para abreviar los tiempos.

Descongelación y calentamiento

La descongelación mediante el horno de microondas, a diferencia de lo que sucede con el horno tradicional, es muy rápida y casi inmediata. De esta forma se evita la dispersión de los productos alimenticios, de las vitaminas y de las sales minerales, y las alteraciones microbiológicas.

El mejor sistema para descongelar es el de la intermitencia; después de haber introducido el congelado se ha de encender y apagar el horno a intervalos regulares durante el tiempo indicado en las tablas, hasta alcanzar la descongelación.

Con este sistema, el alimento se descongela gradualmente y la parte interna no permanece congelada.

Algunos aparatos ya están dotados del mando alternado; en caso contrario se ha de hacer manualmente.

Tras el período de descongelación se precisa un tiempo de reposo en el horno para completar la operación.

Los tiempos y la intensidad de potencia dependen de la calidad del alimento, de su forma y de su peso.

En la descongelación también se han de seguir algunas reglas importantes.

• Los **alimentos tapados** (con película transparente, papel aceitado o vegetal) se descongelan más rápidamente y conservan mejor la humedad.

Tablas de descongelación

Alimento	*Peso (g)*	*Tiempo (min)*
Alcachofas, corazones	300	6
Bistec, filete	150	4
Bistec, pieza	1.000	10
Buey, para asado	1.500	40
Buey, carne picada	750	5
Buey, chuleta	250	10
Buey, filete	2.000	20
Buey, roast-beef	2.000	20
Cerdo, chuleta	750	8
Cerdo, paletilla	1.500	20
Cerdo, lomo	500	8
Coles de Bruselas	300	8
Coliflor en ramitos	300	9
Conejo entero	1.500	25
Conejo troceado	1.500	15
Conejo, 2 muslos	500	8
Cordero, pierna	1.500	25
Cordero, costillas	1.500	20
Espárragos	300	10
Espinacas	300	10
Guisantes	300	8
Hígado	500	5
Judías verdes	300	20
Lengua	500	15
Pescado entero	1.000	12
Pescado en filetes	500	8
Pescado en rodajas	500	10
Pollo entero	1.500	20
Pollo troceado	1.500	15
Pollo, 2 muslos	500	10
Pollo, 4 pechugas	500	10
Pollo, higadillos	250	4
Ternera para asado	1.500	10-15
Ternera, chuletas	1.000	8
Ternera, costillas	500	4
Ternera, escalopas	500	5
Verduras mixtas cortadas	1.000	12
Zanahorias	300	10

• Los **alimentos no demasiado densos**, que contengan líquidos (como el pan, los brioches, las frutas, las verduras, etc.) se descongelan con mayor facilidad que los restantes. En efecto, las microondas penetran mejor en el interior de su masa.

En consecuencia requieren una potencia muy baja y un tiempo muy breve de descongelación.

• Los **pedazos de grandes dimensiones** se han de descongelar, al principio con potencia elevada, mantenida durante algunos minutos, después a potencia media durante el mismo tiempo y a baja potencia al final de la operación, para acelerar el tiempo.

• Los **ultracongelados pre-cocinados**, que se vendan en recipientes de aluminio, han de ser colocados en recipientes no metálicos con anterioridad a la descongelación.

• Los **bistecs**, la **carne en cortes finos** o para **estofar**, después de la primera fase de descongelación, se van separando, poco a poco, para facilitar la operación.

• El **pollo** y los **demás volátiles** se han de descongelar por sus cuatro partes en tiempos iguales, con el pecho, al principio, dirigido hacia arriba y protegiendo las partes prominentes, como alas y patas, con una hoja de papel de aluminio, para evitar que empiecen a cocer.

El papel metálico se eliminará a mitad de la cocción y no ha de tocar las paredes del horno, para no ocasionar daños en el «Magnetrón». Es aconsejable descongelar completamente el pollo entero antes de proceder a la cocción; si se trata de pavos de peso superior a los 3,5 kg es preferible descongelarlos por el sistema tradicional.

• Los **pescados** se han de colocar en un recipiente, dejándolos en su confección original, tal como se han adquirido, recordando que se han de perforar las bolsas para permitir la salida del vapor.

La descongelación del pescado, ya sea para los enteros como para las rodajas o filetes, se completa pasando el pescado por agua corriente.

• Las **verduras** congeladas se tratan en la misma forma que las verduras frescas; no precisan la operación de descongelación, porque ésta tiene lugar contemporáneamente a la fase de cocción. Deben ser sacadas de la bolsa o caja, llevadas a un recipiente provisto de tapa y mezclarse a mitad de la cocción, después de haber añadido poquísima agua, porque ya son ricas en líquido.

• Las **tartas** o pedazos de tarta rellenas se descongelan en pocos minutos a potencia bajísima, lo mismo que la **fruta** que se utilizará para la obtención de exquisitas salsas.

La operación de calentado de los alimentos ya cocidos con antelación da óptimos resultados en el horno de microondas; este sistema, en efecto, tiene la propiedad de devolver a los preparados las mismas características de la cocción inicial.

El tiempo de calentado es muy rápido; en pocos minutos se puede calentar incluso una comida completa sin alterar su sabor; esto permite preparar anticipadamente mayores cantidades de alimento, para proceder a calentarlo en el momento oportuno. Los alimentos ya preparados, calentados con el microondas, pierden muy escasa humedad y de esta forma conservan el sabor y el aspecto de alimentos frescos recién cocinados y no adquieren el sabor a recalentado. Los alimentos ricos en grasas o azúcares tienen un tiempo de calentado inferior, dado que poseen mayor capacidad de absorción.

Si se calientan grandes cantidades de alimento, se ha de mezclar con frecuencia con una cuchara de madera o de plástico, para acelerar el proceso.

También para el calentado es aconsejable poner en práctica algunos sistemas que permiten que no se pierda la escasa humedad retenida en los alimentos después de la cocción.

• Los alimentos que contienen poco líquido se calientan a bajísima potencia y tapados con una película transparente o con un plato colocado boca abajo.

• Los alimentos que se adquieren en envases metálicos se han de trasladar a recipientes adecuados al microondas, ya que los originales no son aptos.

• El tiempo del calentado depende de la temperatura inicial de los alimentos y de las bebidas y del tipo de recipiente; si éste es ligero, el calentado es mucho más rápido.

• Los pedazos delgados de carne, la carne picada y las rodajas de pescado se calientan antes y mejor que si se trata de un solo pedazo.

• Las partes más densas del alimento se han de colocar hacia la parte externa del recipiente.

• Para calentar el pan, los brioches o pedazos de tarta, es conveniente envolverlos en una servilleta de papel que absorba la humedad.

• Es preferible verter directamente las bebidas en las tazas o vasos que se llevarán a la mesa.

• Para abreviar el tiempo de calentado es preferible emplear agua ya caliente para la preparación de las bebidas y utilizar vasos y tazas individuales.

• Las tazas y los vasos se disponen en círculo, dejando siempre un hueco en la parte central del horno.

• Calentando unos minutos en el horno de microondas una naranja o un limón dan más cantidad de zumo.

• El horno de microondas también se presta para desecar las hierbas aromáticas, guardándolas en recipientes bien cerrados para el invierno. Se emplean apenas recogidas, lavadas, suprimiendo los tallos, desparramándolas sobre una hoja de papel secante colocada sobre una bandeja de cartón, evitando que queden superpuestas.

Se tapan con un papel oleoso antes de introducirlas en el horno durante medio minuto.

Después de haberlas dejado durante algunos minutos en el horno apagado, se llevan a recipientes de cierre hermético.

El mismo procedimiento puede emplearse para la desecación de flores.

Tabla indicadora de los tiempos de calentamiento

Alimento	*Raciones*	*Minutos*	*Notas*
Asado de ternera	1	1 y medio	2 cortes de 5 mm sacados del congelador
Chuleta	1	2 y medio	sacada del congelador
Filetes de lenguado	1	1 y medio	sacados del congelador
Hamburguesas	1	2 y medio	sacadas del congelador
Medio pollo	2	4	sacado del congelador colóquese papel de aluminio en las partes prominentes
Menestra de verdura	1	2 y medio	sacada del congelador
Pasta o arroz	1	1 y medio	temperatura ambiente
Patatas	1	1 y medio	a pedacitos, sacadas del congelador
Pescado entero	4	5	sacado del congelador a los 2 minutos tapar la cola con aluminio
Pollo	4	6	como arriba para el medio pollo
Roast-beef	1	1 y medio	2 cortes de 1 cm sacados del congelador
Lenguado entero	1	2	como arriba para el pescado entero
Taza de caldo	1	1 y medio	sacada del congelador
Un cuarto de pollo	1	2	como arriba para el medio pollo
Verduras	1	1 y medio	a pedacitos, sacadas del congelador

El microondas y las dietas

Sólo mediante una adecuada alimentación se puede salvaguardar la salud: línea y salud pasan, necesariamente, por la mesa y es precisamente en la mesa el lugar donde deben defenderse; el alimento es beneficioso si se utiliza con moderación y se prepara en la forma debida; es perjudicial si se ingiere sin regla y de manera inmoderada.

Es muy importante, por lo tanto, seguir un régimen alimenticio correcto, que puede prevenir los males más característicos de nuestra época: infarto, colesterol, diabetes, etc.

El que lleve encima unos cuantos quilos de más y quiera liberarse de ellos y de este problema, que crea complejos y, en algunas ocasiones infidelidad, debe de acostumbrarse a la moderación, a especiar menos, a conciliar las razones de la salud con las de la satisfacción de comer bien.

El horno microondas es uno de los métodos más sanos y modernos para obtener esta finalidad, desde el momento que permite guisar con escasos condimentos o, incluso, en total ausencia de grasas, ya que utiliza las propias grasas naturales que se encuentran en los alimentos, y mantiene íntegros los aromas y los sabores naturales. Por este motivo resulta muy útil en las dietas, para todos aquellos que tengan problemas de línea o de salud, porque hace ligeros incluso aquellos alimentos que, por lo general, son poco digeribles si se preparan en la forma tradicional. Los alimentos cocidos en el horno de microondas permanecen inalterados, tanto en su aspecto exterior como en sus características organolépticas.

La rapidez de la cocción no permite que se pierdan las vitaminas y las sales minerales, contenidas especialmente en las frutas y las verduras, ni las proteínas de las carnes o los pescados o huevos, ya que necesitando escasísima cantidad de líquido para su cocción no pierden los principios nutritivos. Con este sistema los alimentos resultan jugosos y sabrosos, ya que la rápida cocción no los deshidrata; tampoco los sobrantes, al no perder humedad, jamás tienen sabor a recalentado.

La cocción en el hormo de microondas es, por lo tanto, sana y garantiza una correcta alimentación: frutas y verduras conservan el brillante colorido de las frescas, los pescados se conservan turgentes y duros e incluso las comidas recalentadas tienen el mismo aspecto de las recientemente preparadas.

El horno de microondas, y tenemos interés en repetirlo, se adecua perfectamente al sistema de vida de nuestros tiempos, porque actúa en tiempos cortísimos. En pocos minutos se puede preparar una comida completa. Es por lo tanto de gran ayuda para el que se encuentra sometido a un régimen dietético, porque permite una gran variedad en la dieta.

1. **Economía**, porque la velocidad de cocción permite un ahorro de tiempo que llega al 90 % y de energía hasta el 70 %.

2. **Versatilidad**, porque está en condiciones de cocer, descongelar y regenerar los alimentos, sin grasas, sin pérdida de valores nutritivos ni de sabor.

3. **Higiene**, porque requiere una limpieza muy sencilla, sin la utilización de detergentes ni abrasivos; las eventuales salpicaduras de grasa se eliminan con un paño húmedo.

4. **Seguridad**, porque en el horno no hay llama ni gas. La difusión de las microondas se interrumpe por la simple presión del pomo de apertura de la puerta.

Se puede realizar una comida equilibrada en sus contenidos, muy apropiada para hacer perder unos cuantos kilos, sin verse obligado a cambiar de hábitos y continuar comiendo las comidas tradicionales, como las pastas y las menestras. Basta con seguir unos simples consejos para adaptar las recetas tradicionales a un régimen dietético.

1. Calcular los tiempos de cocción más breves, hasta la cuarta parte del tiempo acostumbrado.
2. Sacar del horno los alimentos antes de que estén completamente cocidos, porque siguen cociendo algún tiempo después de haber sido sacados del aparato.
3. Utilizar menor cantidad de líquidos que en la receta tradicional, reduciéndolo en una cuarta parte, porque la cocción tiene lugar mucho más rápidamente.
4. Usar menos condimento o eliminarlo completamente, porque las microondas aprovechan las grasas contenidas en los alimentos; las grasas vegetales son preferibles a las animales.
5. Reducir la dosis de los aromas y especias, porque la cocción en el microondas ya exalta, por sí misma, los sabores.
6. Salar las comidas moderadamente y sólo a cocción terminada o durante el tiempo de reposo, para evitar una excesiva deshidratación.
7. Estofar las verduras, pero no freírlas.

Consejos dietéticos

La palabra dieta deriva del griego *diatia*, que significa «modo de vivir», pero también comida, régimen alimenticio, equilibrio en la nutrición.

El organismo humano precisa energía para vivir y trabajar. Ésta es proporcionada por los alimentos y se mide en calorías. Cuanto más elevado es el contenido calórico de un alimento, más energía proporciona al organismo.

Las calorías se consiguen a partir de fuentes diversas; lo ideal es equilibrar el aporte de calorías, la forma de consumirlas, la medida justa, cada tipo de alimento.

El cálculo de las calorías necesarias diariamente para cada individuo depende del sexo, de la edad, de la constitución física, de la actividad y los trabajos realizados y del estado de salud.

Teniendo presente los valores de las calorías contenidas en los distintos alimentos, no nos resultará difícil organizar una dieta personal, rica en todos los elementos nutritivos, necesarios para un equilibrio óptimo.

El peso corporal se mantendrá constante si el número de calorías introducidas con la alimentación es igual a la energía consumida por el individuo en sus actividades normales; en caso contrario se obtendrá un aumento o una pérdida de peso. En una alimentación sana y correcta deben de hallarse incluidos los alimentos energéticos, los alimentos llamados plásticos y los alimentos protectores.

Los alimentos energéticos son los que proporcionan calor: grasas, azúcares, proteínas; los alimentos plásticos son el agua, las sales minerales y los alimentos de elevado contenido proteico, que son utilizados para el crecimiento de los tejidos; los alimentos protectores son aquellos que poseen un elevado contenido en vitaminas y minerales.

En la preparación de una dieta es también muy importante tener presentes las preferencias del individuo, de forma que el régimen alimenticio correcto le sea también agradable.

2.000/2.600 calorías al día son, en general, más que suficientes para encontrarse bien, trabajar, moverse, salvo en el caso de llevar una vida excesivamente activa y fatigosa.

Las dietas pueden ser correctivas o no correctivas.

Estas últimas están indicadas para aquellas personas que no tienen particulares problemas de salud; las correctivas, naturalmente, corresponden al caso opuesto.

Entre las correctivas se encuentran las dietas adelgazantes: un tratamiento de emergencia que únicamente se ha de seguir en caso de real y efectiva necesidad (por ejemplo, en presencia de la obesidad, una de las enfermedades características de nuestro tiempo).

Se entiende por obesidad una condición anormal del organismo, marcada por la acumulación de grasa que se deposita en los tejidos.

La grasa, generalmente, es de tipo alimenticio: cuando la cantidad ingerida sobrepasa las cantidades del consumo energético, el excedente se acumula en los tejidos bajo la forma de grasa; pero también puede suceder que, incluso sin un verdadero exceso de alimentos ingeridos, las combustiones del organismo se reduzcan por defecto de ejercicio físico y de ahí se derive el aumento del tejido adiposo. En condiciones de buena salud, las necesidades energéticas del organismo, que han de ser cubiertas por los alimentos, varía de las 22 a las 60 calorías diarias por cada kg de peso corporal; esta oscilación se relaciona con el estado del individuo: en completo reposo, en el sueño o en plena actividad física.

La obesidad exige un tratamiento complejo, que debe de ser efectuado con suma prudencia, evitando un adelgazamiento excesivamente rápido, que podría ser el origen de graves trastornos.

Los principales medios terapéuticos que se han de tomar en consideración son: el régimen dietético y el régimen de actividad física. Actualmente se emplean dos tipos de dieta: de reducidísimo aporte calórico (200/500 calorías) o con una aportación calórica más elevada (800/1.200 calorías) proporcionadas por alimentos normales (pan, carne, pescado, etc.) ingeridos en raciones equilibradas entre los azúcares (50 %), proteínas (30 %), grasas (20 %) y con abundantes cantidades de verduras para alcanzar una sensación de saciedad.

Métodos de cocción de los alimentos

La correcta manipulación y cocción de los alimentos tiene gran importancia en dietología: la aplicación de un régimen dietético y, sobre todo, el que sea aceptado por parte del paciente obligado a seguirlo, la corrección de los malos hábitos alimenticios, ya sean cuantitativas o cualitativas, dependen también de la capacidad de la persona destinada a la preparación de los alimentos, al observar las normas que se reflejan, directa o indirectamente, sobre su apetecibilidad, su valor nutritivo, su digestibilidad y el tiempo de la digestión.

Durante la cocción, los alimentos sufren diversas modificaciones. Las **proteínas**, por la acción del calor, se coagulan y cambian de color. Por ejemplo, la clara del huevo, se hace sólida, la carne pierde agua, disminuyendo de peso.

Los **azúcares** se disuelven cuando los alimentos que los contienen se introducen en agua.

Las **grasas**, en contacto con el calor, primero se funden y se transforman en grasas líquidas, sin sufrir ninguna alteración química; a temperaturas superiores, en parte se evaporan y en parte se transforman en sustancias difícilmente digeribles.

Las **vitaminas**, con la cocción, pierden un poco, de sus principios nutritivos.

El **agua** se reduce aproximadamente en el 40 % o 50 %.

Señalaremos ahora los principales medios de cocción.

1. La **cocción por el calor**: consiste el cocer un alimento en un hornillo u horno; forman parte de este tipo de cocción los asados y estofados; estos últimos se logran cociendo el alimento en un recipiente, a calor suave y bien cerrado.

2. La **cocción en agua**: consiste en cocer el alimento en un líquido llevado a ebullición y también se llama hervido.

3. La **cocción al vapor:** consiste en cocer un alimento al vapor producido por un producto en ebullición.

4. La **cocción en la olla a presión:** es una cocción a vapor bajo presión, que permite temperaturas superiores a las de la ebullición, ya que no permiten la dispersión del calor al formarse el vapor acuoso.

5. La **cocción en las grasas:** consiste en cocer un alimento en grasa caliente; si la grasa utilizada recubre completamente el alimento se llama «fritura»; si sólo ocupa el fondo, se llama «salteado».

6. La **cocción por microondas:** permite cocer los mismos alimentos usados en la cocción clásica en tiempos mucho más reducidos, con grandes ventajas dietéticas.

Dietas preparadas con el horno de microondas

Dieta adelgazante

Aportación calórica		*1.000 kcal al día*
Desayuno	leche descremada + café o té	150 g
	copos de cereales	40 g
Comida	pasta o arroz al gusto	100 g
	carne o pescado (mejor pescado)	150 g
	verdura	150 g
	pan (mejor integral)	50 g
	café o té (mejor una tisana)	
Cena	caldo vegetal	150 g
	carne o pescado (al gusto)	150 g
	ensalada o verdura cruda	150 g
	fruta	60 g

Aportación calórica		*1.000 kcal al día*
Desayuno	té al limón	
	dos rebanadas de pan integral	
	una cucharadita de miel	
	una manzana	
	o bien	
	leche descremada, café	200 g
	pan integral	20 g
Comida	pasta o arroz cocidos, al gusto	80 g
	carne o pescado	150 g
	ensalada	100 g
	una rebanada de pan integral	
	una fruta	
Cena	menestra de verdura	150 g
	pescado o pollo, cocidos al gusto	100 g
	verdura cocida	100 g
	pan integral	20 g
	macedonia de fruta	200 g
	Una tisana antes de acostarse	

Como se puede ver las dos dietas indicadas muestran que con el horno de microondas se pueden seguir todos los tipos de dieta, ya que conforme hemos dicho, este revolucionario instrumento de cocción permite cocer en un tiempo brevísimo y sin grasas y con pocos azúcares y escasa sal, que en cantidades excesivas resultan perjudiciales para la salud.

Además, gracias a la velocidad de preparación y de cocción, el horno de microondas permite preparar una comida lo más variada posible en los aspectos de las cualidades de los alimentos y las recetas. Eso evita la monotonía de ciertas dietas, que llegan a interrumpirse, precisamente por ese motivo.

Al seguir una dieta se ha de tener presente que siempre que la receta lo consienta, se ha de aliñar en crudo con «aceite extravirgen de oliva»; es muy importante atenerse escrupulosamente a las dosis indicadas en las recetas, usando los aromas, que son muy agradables para dar a los platos un sabor cada vez distinto.

Preparación de platos para niños

El horno de microondas también puede resultar muy útil a las mamás para la preparación de las papillas de los niños, después del destete, cuando la alimentación se enriquece con nuevos ingredientes más ricos en vitaminas y minerales. La velocidad de cocción permite, en efecto, la preparación mucho más rápida de las tradicionales papillas de harinas de cereales como el trigo, el arroz, la cebada, la avena, etc., dulces o saladas, con ahorro de tiempo para la mamá y muchas ventajas para el niño.

Con excelentes caldos de verdura o de carne, o con leche llevada a ebullición se pueden realizar en el microondas platos ligeros y muy digeribles, íntegros en su sabor y sus valores nutritivos, bien tolerados por el niño o higiénicamente seguros, porque no requieren ninguna manipulación. Es aconsejable usar un plato, un vaso o una taza, para poder ser llevados directamente a la mesa, recubiertos por película transparente para acelerar el tiempo de cocción. También el calentado de las papillas o el biberón es muy rápido: en pocos segundos, el horno de microondas se encuentra en situación de calentar el biberón, calmando los gritos y los llantos provocados por el hambre. Esto es muy práctico, especialmente de noche, porque no implica una pérdida de tiempo para encender el gas o hacer funcionar el aparato eléctrico, ni se precisa emplear otros recipientes: en general, el tiempo requerido para calentar un biberón o una porción de papilla oscila, aproximadamente, entre los 30 y 50 segundos.

Consejos para la ejecución de las recetas

Actualmente existen en el comercio distintos tipos de hornos de microondas; aparentemente, todos parecen iguales, pero un examen más cuidadoso permite observar diferencias que inciden en los buenos resultados de la preparación.

Hay hornos con una sola intensidad de potencia, otros con dos mandos de potencia variable, otros con potencias variables que van del 10 % al 100 %.

De acuerdo con los distintos modelos se pueden elegir valores que van del 1 al 6, o del 1 al 10, de 10 % a 100 %.

Estas dos últimas regulaciones prevén 10 posiciones, la 1 equivalente al sector 0-10 %; la 2 al 10-20 %, la 3 al 20-30 % y así sucesivamente. En las versiones de seis posiciones la intensidad 1 corresponde a un poco menos del 20 %, la 2 a algo más del 30 %, la 3 al 50 %, la 4 a poco menos del 70 %, la 5 a algo más del 80 % y la 6 al 100 %. Las distintas intensidades de potencia hacen variar los métodos de cocción. Por esta razón no se pueden dar explicaciones precisas y detalladas e indicar el grado de potencia, ya que éste cambia de horno a horno.

A cada tipo de cocción corresponde una intensidad distinta: intensidades bajas para cocciones delicadas, intensidad alta para cocciones más fuertes.

Además se ha de considerar siempre, con cierta aproximación, los tiempos, que sólo son indicativos, ya que los gustos personales son distintos (se pueden preferir los alimentos más o menos cocidos), los alimentos, aun siendo del mismo tipo pueden ser de calidad distinta (un pollo, por ejemplo, puede ser más o menos tierno; las verduras pueden ser primerizas o no, etc.). Los tiempos indicados se refieren, de todas formas, a minutos efectivos, excluyendo, por lo tanto, el tiempo empleado en dar vuelta a la comida. Solamente la experiencia y la práctica proporcionarán los mejores resultados.

Para quienes dispongan de un horno de potencia variable de un mínimo del 10 % a un máximo del 100 %, he aquí un esquema de porcentajes de intensidad que se han de programar para las distintas cocciones:

Intensidad 10-20 %
- *para mantener los alimentos calientes;*
- *para ablandar la mantequilla;*
- *para que fermente la pasta cruda.*

Intensidad 30-40 % (programa de descongelación)
- *para descongelar hasta 1,5-2 kg de alimentos;*
- *para cocer algunos alimentos delicados;*
- *para cocer pastas o arroz.*

Intensidad 50 %
- *para acabar cocciones delicadas;*
- *para descongelar de 2 a 4 kg de alimentos.*

Intensidad 60-70 %
- *para finalizar la cocción de los asados;*
- *para pasar por mantequilla legumbres y verduras cortadas a trocitos;*
- *para cocer platos con huevos o quesos;*
- *para acabar la cocción de dulces con crema, mermeladas, etc.*

Intensidad 80-90 % (programa de calentamiento)
- *para calentar alimentos ya cocidos.*

Intensidad 100 %

- *para cocer rápidamente alimentos que lo exijan;*
- *para cocer carnes o aves inferiores a 1,5 kg;*
- *para cocer fruta fresca o postres de fruta;*
- *para calentar el plato-grill;*
- *para llevar líquidos a ebullición.*

MENÚS

PARA QUIEN DESEE UNA CENA SENCILLA

TOSTADAS A LA ITALIANA
SOPA DE CEBOLLA
SALCHICHA AL ROMERO CON POLENTA
MANZANAS CON MIEL
VIN BRÛLÉ

PARA EL GENTLEMAN CHEF

TORTILLA DE ALCACHOFAS
MACARRONES CON ESPINACAS
PAQUETITOS DE CERDO A LA PIÑA
SOUFFLÉ DE ALBARICOQUES

PARA LA INVITACIÓN DE MEDIA NOCHE

ENSALADA BELGA APETITOSA
ROLLITOS DE CERDO
CANGREJOS PERFUMADOS
PERAS AL VINO TINTO
CREMA DE VAINILLA
DULCES VIENESES

PARA LOS AMANTES DEL PESCADO

CARPACCIO DE PEZ ESPADA A LA RUCA
ESPAGUETIS CON CREMA DE ATÚN
JUREL AL LIMÓN
TOMATES RELLENOS
FLAN DE MANZANA

PARA LOS VEGETARIANOS

ENSALADA AL CARTUCHO
ARROZ CON ESPÁRRAGOS
FLAN DE ACELGAS

PARA LOS ULTRARREFINADOS

ENSALADA TIBIA DE POLLO Y LANGOSTINOS
TALLARINES CON CALABACÍN Y SALMÓN AHUMADO
ASADO AL LIMÓN
FLAN ARLEQUÍN
BUDÍN CON ALMENDRUCOS

PARA EL NUEVO GOURMET

TOSTADAS ALBANESAS
CREMA PARMENTIER A LA ALBAHACA
LANGOSTA AL COÑAC
CREMA DE INVIERNO

RECETARIO

PRIMEROS PLATOS

Los tiempos de cocción se han calculado con el horno a la máxima potencia

Los ingredientes se han calculado para cuatro, dos y una persona, pero los tiempos de cocción corresponden al primer caso

GRADOS DE DIFICULTAD

*	POCA
**	MEDIA
***	MUCHA

Salsa piamontesa

**	**cocción: 8 minutos** **calorías por persona: unas 200** **recipiente aconsejado: cazuela de barro**

Ingredientes	*para 4 personas*	*para 2 personas*	*para 1 persona*
aceite extravirgen de oliva	150 g	75 g	35 g
anchoas	8	4	2
ajo	40 g	20 g	10 g
mantequilla	30 g	15 g	7 g

Se corta el ajo y se desmenuzan las anchoas.

Se vierte el aceite en una cazuelita de barro de unos 15 cm de diámetro, se añaden el ajo y las anchoas, se tapa con la película y se cuece en el horno, a máxima intensidad durante 2 minutos.

Si la salsa llegara rápidamente a la ebullición, se ha de bajar la intensidad y mezclar. Se aparta la película, se mezcla, se disminuye la intensidad y se cuece durante 5 minutos, mezclando de vez en cuando. Se añade la mantequilla a trocitos y se mantiene en el horno 1 minuto más.

Se mezcla y se lleva a la mesa sobre un hornillito de alcohol encendido, recordando que la salsa piamontesa siempre ha de estar hirviendo, pero no friéndose.

Está muy indicada para verduras como cardos, pimientos, alcachofas, tupinambur, ensalada belga y de Treviso, o para verduras cocidas, como la cebolla, remolacha o pimientos pelados.

Canapés de cangrejo

*

cocción: 2 minutos
reposo: 1 minuto
calorías por persona: unas 100
recipiente aconsejado: bandeja de servicio

Ingredientes	*para 4 personas*	*para 2 personas*	*para 1 persona*
espinacas pulidas y lavadas	120 g	60 g	30 g
mantequilla	30 g	15 g	7 g
cangrejos cocidos	100 g	50 g	25 g
chalote	1	½	¼
queso en sábanas	4 cortes	2 cortes	1 corte
pan inglés	4 cortes	2 cortes	1 corte
sal y pimienta	c.s.	c.s.	c.s

En una cazuela mediana se cuecen durante algunos minutos las espinacas, con el chalote, la mantequilla y la sal.

Se elimina el chalote y se trituran las espinacas.

Se suprime la corteza a las rebanadas de pan y se parten en triángulo, se recubren con el puré de espinacas.

Se colocan los cangrejos sobre cada triángulo y se tapan con el queso, también cortado en triángulos.

Se disponen los canapés sobre la bandeja de servicio y se llevan al horno durante 2 minutos.

Se dejan reposar 1 minuto y se sirven inmediatamente.

Rollitos de salmón

*

cocción: 1 minuto
reposo: 1 minuto
calorías por persona: unas 200
recipiente aconsejado: bandeja de servicio

Ingredientes	*para 4 personas*	*para 2 personas*	*para 1 persona*
cortes de salmón ahumado no muy gruesos	4	2	2
requesón	80 g	40 g	20 g
perejil picado	1 cucharada	½ cucharada	un poco
mantequilla	20 g	10 g	5 g
paprika	½ cucharadita	¼ cucharadita	un pellizco

Se trabaja el requesón con una espátula de madera y se le incorpora uniformemente la paprika.

Se unta cada lonja de salmón con la pasta obtenida, espolvoreándola con perejil picado, se enrollan sobre sí mismas y se parten por la mitad.

Se unta ligeramente con mantequilla la bandeja y se disponen en ella los canutillos de salmón.

Se cuecen en el microondas durante 1 minuto.

Se dejan reposar durante otro minuto y se sirven.

Champiñones rellenos de perejil

** **cocción: 2 minutos**
reposo: 1 minuto
calorías por persona: unas 150
recipiente aconsejado: bandeja de servicio

Ingredientes	*para 4 personas*	*para 2 personas*	*para 1 persona*
sombrerillos de champiñón	250 g	125 g	60 g
aceite extravirgen de oliva	30 g	15 g	7 g
perejil	1 cucharada	½ cucharada	un poco
ajo	1 diente	½ diente	¼ diente
sal y pimienta	c.s.	c.s.	c.s.

Se limpian los sombrerillos de los champiñones.

Se colocan en la bandeja, rociándolos con el aceite y espolvoreándolos con perejil; se cubren con película y se llevan al horno durante 2 minutos.

Se destapan, se salan ligeramente y se dejan reposar 1 minuto antes de servir.

Mejillones a la andaluza

**

cocción: 5 minutos
reposo: 2 minuto
calorías por persona: unas 230
recipiente aconsejado: cazuela pirex

Ingredientes	*para 4 personas*	*para 2 personas*	*para 1 persona*
mejillones	1.500 g	750 g	375 g
pulpa de tomate	50 g	25 g	12 g
pan rallado	30 g	15 g	7 g
queso rallado	30 g	15 g	7 g
aceite extravirgen de oliva	30 g	15 g	7 g
perejil picado	c.s.	c.s.	c.s.

Se lavan los mejillones, cepillándolos bajo el chorro del agua y con un cuchillo se separan las «barbas» que sobresalen.

Se llevan al fuego, en recipiente cubierto, para que se abran.

Se elimina la mitad de las valvas.

Se tritura la pulpa del tomate con el queso y el pan rallado, añadiendo el perejil picado muy fino, se salpimenta ligeramente y se rocía con el aceite.

Se distribuye la mezcla en montoncitos sobre cada una de las medias valvas con el molusco y se llevan a una cazuela con un poco de agua.

Se llevan al horno y se cuecen a intensidad máxima durante 5 minutos con el recipiente tapado; se apaga, se destapa y se deja reposar 2 minutos.

Se sirve, rectificando de sal y pimienta.

Mejillones gratinados

**

cocción: 5 minutos
calorías por persona: unas 200
recipiente aconsejado: plato-grill

Ingredientes	*para 4 personas*	*para 2 personas*	*para 1 persona*
mejillones grandes	800 g	400 g	200 g
pan rallado	5 cucharadas	2 ½ cucharadas	1 cucharada
aceite	3 cucharadas	1 ½ cucharadas	1 cucharada
hojas de laurel	3	2	1
perejil picado	1 cucharada	½ cucharada	1 ½ cucharadita
salsa ketchup	3 cucharadas	½ cucharada	1 cucharadita
queso de Parma rallado	c.s.	c.s.	c.s.
sal	c.s.	c.s.	c.s.

Se rascan, limpian y lavan los mejillones, eliminando la «barba».

Se colocan en una cazuela de pirex y se llevan al horno 2 minutos para que se abran. Entre tanto se prepara el relleno, trabajando juntos todos los ingredientes.

Se elimina media valva y se dispone sobre la que contiene el molusco una cucharadita de relleno; se espolvorean con pan rallado.

Se calienta el plato-grill a la máxima intensidad durante 3 minutos, después se colocan sobre él los mejillones volcados, de manera que el relleno toque el plato.

Se dejan cocer tres minutos a intensidad máxima y se sirve inmediatamente.

Tostadas a la marsellesa

cocción: 4-5 minutos
reposo: 1 minuto
** **calorías por persona: unas 150**
recipiente aconsejado: ninguno

Ingredientes	*para 4 personas*	*para 2 personas*	*para 1 persona*
filetes de lubina, incluso congelados	300 g	150 g	75 g
aceite extravirgen de oliva	40 g	20 g	10 g
cebolla	½	¼	1/8
salsa de tomate	½ cucharada	un poco	un poco
hinojo silvestre	1 manojo	un poco	un poco
pan francés	4 rebanadas	2 rebanadas	1 rebanada

En una sartén se calienta el aceite, al que se añaden la cebolla finamente fileteada y el pescado a pedacitos.

Se añade el hinojo picado y se deja cocer, a fuego muy bajo durante tres o cuatro minutos.

Se sala ligeramente y se adiciona el tomate.

Se pasa todo por la batidora hasta la obtención de una crema lisa y homogénea.

Se unta esta crema en el pan y se llevan las tostadas al microondas durante 1 minuto; se dejan reposar 1 minuto antes de servir.

Tostadas italianas

**

cocción: 8-9 minutos
reposo: 1 minuto
calorías por persona: unas 160
recipiente aconsejado: un plato

Ingredientes	*para 4 personas*	*para 2 personas*	*para 1 persona*
hígado mixto (conejo, pollo, pavo)	300 g	150 g	75 g
mantequilla	50 g	25 g	12 g
cebolla	½	¼	1/8
alcaparras en salmuera	½ cucharada	algunas	algunas
laurel	1 hoja	½ hoja	¼ hoja
pan francés	4 cortes	2 cortes	1 corte

En una sartén se funde la mantequilla, se añade la cebolla finamente fileteada y el hígado a pedacitos.

Se añade el laurel y se cuece 7-8 minutos a fuego muy lento.

Se sala ligeramente, se aparta el laurel y se echan las alcaparras.

Se lleva a la batidora hasta obtener una crema lisa y homogénea.

Se unta el pan con este preparado y se llevan al horno de microondas durante 1 minuto; se deja reposar 1 minuto antes de servir.

Tostadas a la trufa

**

cocción: 2 minutos y medio
reposo: 1 minuto
calorías por persona: unas 250
recipiente aconsejado: una bandeja de servicio, preferentemente rectangular

Ingredientes	*para 4 personas*	*para 2 personas*	*para 1 persona*
pan fresco	4 rebanadas	2 rebanadas	1 rebanada
ajo	1 diente	½ diente	¼ diente
pasta de trufa	½ tubo	un poco	un poco
queso graso	4 cortes	2 cortes	1 corte
huevos	2	1	½
leche	250 g	125 g	60 g
mantequilla	30 g	15 g	7 g
sal y pimienta	c.s.	c.s.	c.s.

Se coloca la bandeja en el horno con la mantequilla a pedacitos y se mantiene, a intensidad máxima, durante 30 segundos.

Se restriega el ajo sobre las rebanadas de pan y se pasan rápidamente por la mantequilla disuelta. Se reparte uniformemente la mantequilla restante en el fondo de la bandeja.

Se untan las rebanadas de pan con la pasta de trufa, se dividen en tres partes y se disponen una junto a otra en la bandeja.

Sobre cada rebanada se dispone un pedacito de queso graso.

Aparte se baten los huevos con la leche, sal y pimienta y se vierte sobre las rebanadas de pan.

Se dejan cocer a intensidad máxima durante dos minutos. Se dejan reposar 1 minuto y se sirven separando las rebanadas entre ellas.

Cangrejos perfumados

*

cocción: 3 minutos
reposo: 1 minuto
calorías por persona: unas 150
recipiente aconsejado: pirex

Ingredientes	*para 4 personas*	*para 2 personas*	*para 1 persona*
cangrejos pelados	600 g	300 g	150 g
aceite extravirgen de oliva	30 g	15 g	7 g
limón	½ exprimido	1 cucharada	1 cucharadita
brandy	4 cucharadas	2 cucharadas	1 cucharada
perejil	c.s.	c.s.	c.s.

Se colocan los cangrejos en un recipiente de pirex, bajo y ancho.

Se tritura la corteza del limón y se une con el perejil picado, se moja con el brandy y con el zumo de limón. Se salpimenta y se diluye en el aceite.

Se distribuye este condimento por encima de los cangrejos y se tapan con una hoja de papel engrasado.

Se llevan al horno a intensidad máxima durante 3 minutos, se destapan y se dejan reposar 1 minuto.

Ensalada belga

* **cocción: 1 minuto**
reposo: 1 minuto
calorías por persona: unas 80
recipiente aconsejado: papel vegetal

Ingredientes	*para 4 personas*	*para 2 personas*	*para 1 persona*
ensalada belga	250 g	125 g	60 g
aceite extravirgen de oliva	30 g	15 g	7 g
tocino ahumado a dados	30 g	15 g	7 g
sal y pimienta	c.s.	c.s.	c.s.

Se limpia y lava cuidadosamente la ensalada y se corta a tiritas.

Se mezcla la ensalada con los dados de tocino ahumado, se rocía con el aceite y se salpimenta.

Se encierra la ensalada en una hoja de papel vegetal y se cuece en el horno durante 1 minuto.

Se deja reposar 1 minuto y se sirve.

Ensalada de lengua y jamón

*

cocción: 1 minutos
reposo: 1 minuto
calorías por persona: unas 150
recipiente aconsejado: cazuela de barro

Ingredientes	*para 4 personas*	*para 2 personas*	*para 1 persona*
jamón cocido	100 g	50 g	25 g
lengua hervida	200 g	100 g	50 g
emmenthal	50 g	25 g	12 g
aceite extravirgen de oliva	30 g	15 g	7 g
hiervas de Provenza	un manojo	c.s.	c.s.
sal y pimienta	c.s.	c.s.	c.s.

Se cortan a finas tiritas la lengua, el jamón y el emmenthal.

En una terrina de barro se emulsiona el aceite con la sal y la pimienta y se añaden las hierbas de Provenza finamente picadas. Se mezclan bien todos los ingredientes y se llevan al horno durante 1 minuto.

Se deja reposar 1 minuto y se sirve inmediatamente.

Ensalada de pollo a la ruca

*

cocción: 1 minuto
reposo: 1 minuto
calorías por persona: unas 150
recipiente aconsejado: un plato

Ingredientes	*para 4 personas*	*para 2 personas*	*para 1 persona*
jamón cocido	100 g	50 g	25 g
pollo hervido	100 g	50 g	25 g
ruca	1 manojo	½ manojo	unas hojas
aceite extravirgen de oliva	30 g	15 g	7 g
sal y pimienta	c.s.	c.s.	c.s.

Se cortan el jamón y el pollo a tiritas finas. En una terrina se emulsionan el aceite extravirgen de oliva con la sal y la pimienta.

Se añade la ruca finamente picada y bien lavada.

Se lleva al horno de microondas y se deja cocer durante 1 minuto; se deja reposar 1 minuto y se sirve inmediatamente.

Ensalada tibia de gambas y pollo

*

cocción: 3 minutos
reposo: 1 minuto
calorías por persona: unas 150
recipiente aconsejado: una terrina

Ingredientes	*para 4 personas*	*para 2 personas*	*para 1 persona*
gambas congeladas ya hervidas	100 g	50 g	25 g
pollo hervido	100 g	50 g	25 g
piñones	50 g	25 g	12 g
aceite extravirgen de oliva	30 g	15 g	7 g
perejil	un manojo	medio manojo	un poco
lechuga	unas hojas para decoración		
sal y pimienta	c.s.	c.s.	c.s.

Se corta el pollo a tiritas.

Se descongelan las gambas en el horno, a intensidad máxima durante 2 minutos.

En una terrina se emulsionan el aceite, la sal y la pimienta; después se añaden el perejil picado y los piñones.

Se vierte la salsa sobre las gambas y se deja cocer 1 minuto. Se añade el pollo y se deja reposar 1 minuto.

Se adorna con hojas de lechuga una bandeja, se recubren con la ensalada de gambas y se sirve inmediatamente.

Ensalada al cartucho

cocción: 1 minuto
reposo: 1 minuto
** **calorías por persona: unas 80**
recipiente aconsejado: papel vegetal

Ingredientes	*para 4 personas*	*para 2 personas*	*para 1 persona*
ensalada de Treviso	250 g	125 g	65 g
aceite extravirgen de oliva	30 g	15 g	7 g
nueces	unos gajos	c.s.	c.s.
sal y pimienta	c.s.	c.s.	c.s.

Se limpia y lava la ensalada de Treviso y se corta a tiritas.

Se mezclan con las tiritas de ensalada los gajos de la nuez, se aliñan con abundante sal y pimienta y aceite.

Se encierra la ensalada en una hoja de papel vegetal y se cuece en el horno durante 1 minuto.

Se deja reposar 1 minuto y se sirve.

Rollitos de jamón a las hierbas

**
cocción: 1 minuto
reposo: 1 minuto
calorías por persona: unas 200
recipiente aconsejado: bandeja de servicio

Ingredientes	*para 4 personas*	*para 2 personas*	*para 1 persona*
lonjas de jamón cocido, no demasiado gruesas	4	2	1
queso en dados	80 g	40 g	20 g
mantequilla	20 g	10 g	5 g
orégano	c.s.	c.s.	c.s.

Se corta el queso a dados.

Sobre cada lonja de jamón se disponen algunos cubitos de queso, se espolvorea con orégano y se forma un rollo con el jamón.

Se unta ligeramente con mantequilla una bandeja de servicio redonda y se colocan, formando corona, los rollitos de jamón.

Se llevan al horno de microondas durante 1 minuto.

Se dejan reposar 1 minuto y se sirven.

Pimientos rellenos a la napolitana

**

cocción: 3 minutos
reposo: 1 minuto
calorías por persona: unas 150
recipiente aconsejado: pirex

Ingredientes	*para 4 personas*	*para 2 personas*	*para 1 persona*
pimientos dulces	200 g	100 g	50 g
mozzarella	100 g	50 g	25 g
aceite extravirgen de oliva	30 g	15 g	7 g
filetes de anchoa	2	1	½
sal y pimienta	c.s.	c.s.	c.s.

Se disponen en una cazuela de pirex los pimientos lavados, limpios de semillas.

Se corta la mozzarella a daditos y se colocan en las barquitas de pimiento, junto con las anchoas también desmenuzadas.

Se lleva la cazuela al horno, rociando con el aceite, y se dejan cocer durante tres minutos; se dejan reposar 1 minuto y se sirven ofreciendo aparte la sal y la pimienta.

Ramequin

cocción: 3 minutos y medio
reposo: 3 minutos
** **calorías por persona: unas 200**
recipiente aconsejado: una bandeja

Ingredientes	*para 4 personas*	*para 2 personas*	*para 1 persona*
pan de molde de un día atrás	4 rebanadas	2 rebanadas	1 rebanada
emmenthal o gruyère	80 g	40 g	20 g
huevos	2	1	½
leche	250 g	125 g	60 g
mantequilla	50 g	25 g	12 g
nuez moscada	c.s.	c.s.	c.s.
sal y pimienta	c.s.	c.s.	c.s.

Se dispone en una bandeja la mantequilla a trocitos y se lleva durante ½ minuto al horno de microondas, a intensidad máxima. Se pasan rápidamente las rebanadas de pan por la mantequilla y se distribuye el resto uniformemente en el fondo de la bandeja.

Se coloca encima de cada rebanada de pan un pedazo de queso, luego se colocan en el plato, superponiendo las rebanadas ligeramente.

Se baten los huevos, se añade la leche, la sal y la pimienta y algo de nuez moscada y se vierte sobre el pan. Se cuece en el horno de microondas durante 3 minutos, a intensidad máxima; se deja reposar otros 3 minutos y se sirven.

Canutillos de cabeza de jabalí

**

cocción: 1 minuto
reposo: 1 minuto
calorías por persona: unas 200
recipiente aconsejado: bandeja

Ingredientes	*para 4 personas*	*para 2 personas*	*para 1 persona*
cortes finos de cabeza de jabalí	8	4	2
perejil	c.s.	c.s.	c.s.
queso	80 g	40 g	20 g
mostaza aromática	1 cucharadita	½ cucharadita	un poco
mantequilla	20 g	10 g	5 g

Se corta el queso en cubitos.

Se disponen unos cuantos sobre la cabeza de jabalí, después de haberla untado con la mostaza y espolvoreado con perejil picado. Se enrolla formando canutillos, que se disponen en corona sobre una bandeja de servicio, ligeramente untada con mantequilla.

Se lleva al horno de microondas durante 1 minuto, se deja reposar 1 minuto y se sirve.

CREMAS Y SOPAS

Crema de setas

cocción: 15 minutos
reposo: 2 minutos
** **calorías por persona: unas 280**
recipiente aconsejado: cazuela de barro

Ingredientes	*para 4 personas*	*para 2 personas*	*para 1 persona*
Setas frescas[1]	400 g	200 g	100 g
queso rallado	40 g	20 g	10 g
aceite extravirgen de oliva	40 g	20 g	10 g
ajo	1 diente	½ diente	¼ diente
huevos	2	1	½
nata	30 g	15 g	7 g
pan casero	8 rebanadas	4 rebanadas	2 rebanadas
sal y pimienta	c.s.	c.s.	c.s.

Se limpian las setas, sin lavarlas, rascándolas con un cuchillito y se parten.

Se llevan a un recipiente de barro el ajo, sin el germen, el aceite y las setas. Se cuecen, con el recipiente tapado 5 minutos; se añade ½ l de agua y se continúa la cocción 10 minutos más.

Se mezcla, se rectifica de sal y se deja reposar 2 minutos. Se adicionan la nata y los huevos y se pasa por la batidora.

Se tuesta el pan y se dispone en cazuelitas, espolvoreándolo con el queso rallado; se vierte la crema de setas y se sirve con la pimienta aparte.

1 Las setas recomendadas son las llamadas «*surenys*»

Crema de endibias

******

cocción: 15 minutos
reposo: 4 minutos
calorías por persona: unas 80
recipiente aconsejado: cazuela de vidrio

Ingredientes	*para 4 personas*	*para 2 personas*	*para 1 persona*
endibias	400 g	200 g	100 g
cebolla	150 g	75 g	35 g
harina blanca	20 g	10 g	5 g
aceite extravirgen de oliva	20 g	10 g	5 g
caldo	200 g	100 g	100 g
guindilla	1 pedacito	poca	poquísima
queso rallado	c.s.	c.s.	c.s.
sal y pimienta	c.s.	c.s.	c.s.

Limpias las endibias y bien lavadas, se cortan a tiritas. Se corta finamente la cebolla.

Se llevan a una cazuela de vidrio la endibia, la cebolla, el aceite y la guindilla. Se espolvorea con harina blanca y se mezcla; se diluye lentamente con el caldo, removiendo hasta la desaparición de grumos.

Se tapa y cuece durante 15 minutos mezclando un par de veces.

Se salpimenta. Se deja descansar 4 minutos y se pasa por la batidora.

Se sirve la crema sirviendo aparte el queso rallado.

Crema de patatas con chalote

cocción: 12 minutos
reposo: 4 minutos
* **calorías por persona: unas 250**
recipiente aconsejado: sopera de barro

Ingredientes	*para 4 personas*	*para 2 personas*	*para 1 persona*
patatas	600 g	300 g	150 g
nata	200 g	100 g	50 g
caldo	200 g	100 g	50 g
cebolla	400 g	200 g	100 g
chalote	1 manojo	un poco	un poco
sal	c.s.	c.s.	c.s.

Se lavan y pelan las patatas y se cortan muy finas las cebollas.

Se llevan directamente a la sopera las patatas cortadas a pedacitos, las cebollas, el caldo y la nata. Se tapan y cuecen durante 12 minutos.

Se pasa por la batidora, se sala y se añade el chalote finamente picado.

Se deja reposar 4 minutos con el recipiente tapado y se sirve.

Crema de patatas y zanahoria

*

cocción: 12 minutos
reposo: 4 minutos
calorías por persona: unas 250
recipiente aconsejado: sopera de barro

Ingredientes	*para 4 personas*	*para 2 personas*	*para 1 persona*
patatas	400 g	200 g	100 g
zanahorias	200 g	100 g	50 g
nata	100 g	50 g	25 g
caldo	500 g	250 g	125 g
cebollas	100 g	50 g	25 g
romero	1 ramita	½ ramita	un poco
sal	c.s.	c.s.	c.s.

Tras haber pelado las zanahorias y las patatas, se cortan a pedacitos.

Se corta muy finamente la cebolla.

Se llevan las verduras a una sopera de barro, añadiendo el caldo y la nata.

Se tapa y cuece durante 12 minutos con el romero. Se separa la hierba aromática, se añade sal y se deja reposar 4 minutos en recipiente tapado. Se sirve.

Crema de calabaza

*

cocción: 15 minutos
reposo: 2 minutos
calorías por persona: unas 200
recipiente aconsejado: sopera de vidrio o cerámica

Ingredientes	*para 4 personas*	*para 2 personas*	*para 1 persona*
calabaza	800 g	400 g	200 g
caldo	500 g	250 g	125 g
nata	200 g	100 g	50 g
cebolla	1	½	¼
yemas	2	1	½
sal y pimienta	c.s.	c.s.	c.s.

Se suprime la corteza y las semillas de la calabaza y se corta a pedazos pequeños.

Se corta muy fina la cebolla.

Se llevan las verduras a una sopera, se añade el caldo, se tapa con película y se cuece en el horno a máxima intensidad durante 15 minutos.

Se pasa por la batidora, se salpimenta y se añaden las yemas batidas aparte con la nata.

Se deja reposar 2 minutos y se mezcla.

Se sirve la crema caliente acompañada por hojaldrillos.

Crema parmentier a la albahaca

**

cocción: 12 minutos
reposo: 4 minutos
calorías por persona: unas 250
recipiente aconsejado: sopera de barro

Ingredientes	*para 4 personas*	*para 2 personas*	*para 1 persona*
patatas	600 g	300 g	150 g
nata	200 g	100 g	50 g
caldo	200 g	100 g	50 g
puerros	200 g	100 g	50 g
albahaca	unas ramitas	algunas hojas	algunas hojas
sal y pimienta	c.s.	c.s.	c.s.

Se lavan, pelan y cortan a pedacitos las patatas.

Se corta muy fina la cebolla.

Se llevan a la sopera las verduras con el caldo y la nata.

Se tapan y cuecen durante 12 minutos.

Se trabajan con la batidora.

Se añade la sal, la albahaca picada y se deja reposar 4 minutos con el recipiente tapado.

Se sirve.

Sopa de alcachofas

**

cocción: 15 minutos
reposo: 3 minutos
calorías por persona: unas 100
recipiente aconsejado: cazuela de barro

Ingredientes	*para 4 personas*	*para 2 personas*	*para 1 persona*
alcachofas	800 g	400 g	200 g
cebolla	200 g	100 g	50 g
ajo	1 diente	½ diente	¼ diente
puré de tomate	1 cucharada	½ cucharada	1 cucharadita
aceite extravirgen de oliva	20 g	10 g	5 g
perejil picado	1 cucharadita	½ cucharadita	un poco
sal y pimienta	c.s.	c.s.	c.s.

Se limpian las alcachofas y se cortan a gajos. Se corta a pedacitos la parte central de los tallos y se llevan a agua con limón para que no se ennegrezcan.

Se llevan a la cazuela de barro el aceite, el ajo sin el germen, la cebolla finamente picada y el puré de tomate. Se tapa con película y se deja cocer durante 1 minuto.

Se separa la película, se añaden las alcachofas precedentemente preparadas, con 1 l de agua, se salpimenta, se tapa de nuevo y se deja cocer durante 14 minutos.

Se mezcla, se añade el perejil picado y se deja reposar 3 minutos. Se sirve la sopa acompañada por pan tostado.

Sopa de cebollas

** **cocción: 18 minutos**
calorías por persona: unas 400
recipiente aconsejado: cazuela de barro

Ingredientes	*para 4 personas*	*para 2 personas*	*para 1 persona*
cebolla	600 g	300 g	150 g
mantequilla	50 g	25 g	12 g
harina	20 g	10 g	5 g
caldo	1.000 g	500 g	250 g
emmenthal	100 g	50 g	25 g
pan tostado	4 rebanadas	2 rebanadas	1 rebanada
queso rallado	4 cucharadas	2 cucharadas	1 cucharada
sal y pimienta	c.s.	c.s.	c.s.

Llévense a la cazuela la mantequilla, las cebollas finamente cortadas; tápense y déjense cocer en el horno de microondas durante 7 minutos a intensidad media. Se mezcla de vez en cuando, se añade la harina y se mezcla de nuevo.

Se añade el caldo hirviente y se bate con un aparato a inmersión la mitad de las cebollas.

Se cuece otros 8 minutos, a intensidad máxima.

Se disponen las rebanadas de pan tostado en cuatro cazuelitas de barro, se recubren con el emmenthal rallado, se vierte encima la sopa de cebolla, se recubren con queso rallado y se salpimentan.

Se llevan las cazuelitas al horno durante 3 minutos y se sirve.

Sopa de calabacín

*

cocción: 10 minutos
reposo: 4 minutos
calorías por persona: unas 60
recipiente aconsejado: una cazuela

Ingredientes	*para 4 personas*	*para 2 personas*	*para 1 persona*
patata	1 grande	½	¼
zanahoria	1	½	¼
calabacines	4	2	1
caldo	1.000 g	500 g	250 g
queso rallado	30 g	15 g	7 g
sal	c.s.	c.s.	c.s.

Se lavan bien los calabacines, se rasca la zanahoria y se lava, se pela la patata.

Se cortan todas las verduras en juliana con el utensilio adecuado y se llevan a una cazuela, se recubren de caldo y se deja cocer durante 10 minutos con recipiente tapado.

Se sala y deja reposar 4 minutos. Se sirve espolvoreando con queso rallado.

PASTAS Y ARROCES

Bucatini a la siciliana

** **cocción: 8 minutos**
calorías por persona: unas 320
recipiente aconsejado: cazuela de barro

Ingredientes	*para 4 personas*	*para 2 personas*	*para 1 persona*
bucatini	300 g	150 g	75 g
pimientos de diferentes colores	300 g	150 g	75 g
tomates pelados	200 g	100 g	50 g
aceite extravirgen de oliva	50 g	25 g	12 g
ajo	1 diente	½ diente	¼ diente
anchoa	1 filete	½ filete	¼ filete
albahaca picada	1 cucharada	½ cucharada	1 cucharadita
sal	c.s.	c.s.	c.s.

Se lavan y limpian los pimientos, suprimiendo las semillas y las hebras blancas, se cortan a tiritas. Se pica el ajo.

Se llevan todos los ingredientes, excepto la albahaca, a una cazuela de barro, se tapa y cuece en el microondas durante 8 minutos.

Entretanto se cuecen los *bucatini, al dente*, en agua salada, se escurren y se condimentan con la salsa de pimientos. Se completa en el último momento con la albahaca picada y un hilo de aceite crudo.

Canelones al horno

**

cocción: 10 minutos
calorías por persona: unas 280
recipiente aconsejado: pirex

Ingredientes	*para 4 personas*	*para 2 personas*	*para 1 persona*
canelones	300 g	150 g	75 g
espinacas frescas	500 g	250 g	125 g
requesón fresco	300 g	150 g	75 g
queso rallado	100 g	50 g	25 g
nuez moscada	c.s.	c.s.	c.s.
mantequilla	50 g	25 g	12 g
huevos	2	1	½
sal	c.s.	c.s.	c.s.

Se cuecen los canelones *al dente.*

Se limpian y lavan las espinacas y se cuecen 5 minutos al horno a intensidad máxima.

Se trituran las espinacas y se mezclan con el requesón y los huevos; se añade la mitad del queso rallado, un pellizco de nuez moscada y la sal. Se pasta todo bien y se rellenan los canelones con el preparado; se disponen en una bandeja de pirex untada en mantequilla, se espolvorean con la otra parte del queso rallado, se colocan por encima bolitas de mantequilla y se cuecen a intensidad máxima durante 5 minutos.

Codos al calabacín

**

cocción: 4 minutos
reposo: 2 minutos
calorías por persona: unas 350
recipiente aconsejado: cazuela de barro

Ingredientes	*para 4 personas*	*para 2 personas*	*para 1 persona*
codos	300 g	150 g	75 g
calabacines	300 g	150 g	75 g
queso rallado	50 g	25 g	12 g
aceite extravirgen de oliva	20 g	10 g	5 g
menta	unas hojas	unas hojas	unas hojas
cebolla	1	½	¼
sal y pimienta	c.s.	c.s.	c.s.

Se pela la cebolla y se corta lo más fina posible.

Se disponen en un recipiente de barro el aceite, la cebolla y los calabacines a pedacitos.

Se cuece al horno durante 4 minutos, con el recipiente tapado con película.

Se deja reposar 2 minutos.

Se cuecen los codos en agua abundante, con sal, se escurren *al dente* y se condimentan con el preparado de cebolla y calabacín.

Se mezclan, se añade el queso, las hojas de menta desmenuzadas y un hilo de aceite crudo; se espolvorean con pimienta y sirven inmediatamente.

Lacitos con espinacas

cocción: 1 minuto
reposo: 1 minuto
** **calorías por persona: unas 400**
recipiente aconsejado: cazuela

Ingredientes	*para 4 personas*	*para 2 personas*	*para 1 persona*
lacitos	400 g	200 g	100 g
queso cremoso	200 g	100 g	50 g
espinacas cocidas	200 g	100 g	50 g
mantequilla	20 g	10 g	5 g
agua caliente	c.s.	c.s.	c.s.
sal y pimienta	c.s.	c.s.	c.s.

En una cazuela ancha se pone el queso con algunas cucharadas de agua caliente y, sin dejar de mezclar, se incorporan la mantequilla, las espinacas pasadas por la batidora, sal y pimienta. Cuando se haya obtenido una crema suave se cuece en el horno durante 1 minuto, dejándolo en reposo durante otro minuto.

Se cuecen los lacitos en abundante agua salada caliente, se escurren *al dente* y se mezclan con la crema de espinacas en la cazuela donde se ha preparado la crema.

Se sirve con pimienta recién molida.

Fusilli a la crema de pimientos amarillos

**

cocción: 3 minutos
reposo: 2 minutos
calorías por persona: unas 350
recipiente aconsejado: fuente honda

Ingredientes	*para 4 personas*	*para 2 personas*	*para 1 persona*
fusilli	320 g	160 g	80 g
pimientos amarillos	2	1	½
ajo	1 diente	½ diente	¼ diente
aceite extravirgen de oliva	30 g	15 g	7 g
albahaca	algunas hojas	c.s.	c.s.
sal	c.s.	c.s.	c.s.

Se cuecen los *fusilli* en abundante agua hirviente salada. Se lavan los pimientos amarillos, se limpian de semillas y filamentos y se cortan a tiritas muy finas.

Se restriega con el ajo el fondo de la fuente, se lleva a ella el aceite y las tiras de pimiento; se sala ligeramente. Se tapa con película transparente y se cuece en el horno durante 3 minutos. Se deja reposar 2 minutos y se llevan a la batidora.

Se condimentan con la salsa los fusilli, colados *al dente*, uniendo la albahaca desmenuzada.

Tallarines con verduras

cocción: 4 minutos
** **calorías por persona: unas 330**
recipiente aconsejado: cazuela de pirex

Ingredientes	*para 4 personas*	*para 2 personas*	*para 1 persona*
berenjenas	100 g	50 g	25 g
calabacines	100 g	50 g	25 g
pimientos	100 g	50 g	25 g
tallarines	300 g	150 g	75 g
tomates pelados	200 g	100 g	50 g
aceite extravirgen de oliva	20 g	10 g	5 g
ajo	1 diente	½ diente	¼ diente
perejil	c.s.	c.s.	c.s.
sal	c.s.	c.s.	c.s.

Una vez limpias y lavadas se cortan las verduras a dados.

Se llevan a una cazuela de pirex con el aceite, el ajo y los tomates pelados y se cuecen durante 4 minutos en recipiente destapado.

Se cuecen los tallarines en abundante agua hirviente salada, se escurren *al dente* y se condimentan con las verduras preparadas; se añade el perejil picado y se sirven inmediatamente.

Tallarines al calabacín y salmón ahumado

**

cocción: 4 minutos
reposo: 2 minutos
calorías por persona: unas 380
recipiente aconsejado: cazuela de barro

Ingredientes	*para 4 personas*	*para 2 personas*	*para 1 persona*
tallarines	300 g	150 g	75 g
calabacines	300 g	150 g	75 g
salmón ahumado	60 g	30 g	15 g
leche	2 cucharadas	1 cucharada	½ cucharada
aceite extravirgen de oliva	20 g	10 g	5 g
cebolla	1	½	¼
sal y pimienta	c.s.	c.s.	c.s.

Se pela la cebolla, se lava y se corta muy fina, casi transparente.

En un recipiente de barro se ponen el aceite, la cebolla, la leche y los calabacines cortados a dados.

Se tapa con película y se cuece 4 minutos en el horno. Se deja reposar 2 minutos.

Se cuecen los tallarines y se cuelan *al dente*.

Se condimentan con el jugo de las cebollas y calabacines, un hilo de aceite crudo y el salmón ahumado cortado a tiritas.

Se salpimenta y sirve inmediatamente.

Macarrones a las setas

**

cocción: 3 minutos
calorías por persona: unas 300
recipiente aconsejado: cazuela de barro

Ingredientes	*para 4 personas*	*para 2 personas*	*para 1 persona*
macarrones	300 g	150 g	75 g
setas	400 g	200 g	100 g
ajo	1 diente	½ diente	¼ diente
aceite extravirgen de oliva	50 g	25 g	12 g
queso rallado	50 g	25 g	12 g
sal y pimienta	c.s.	c.s.	c.s.

Se limpian las setas, sin lavarlas, y se cortan a tajaditas muy finas. Se llevan, con el aceite y el ajo a una cazuela de barro y se mantienen en el horno 3 minutos.

Se cuecen los macarrones en abundante agua salada, se cuelan *al dente* y se condimentan con las setas, el queso y pimienta fresca, recién molida.

Pennette a la alcachofa

** **cocción: 4 minutos**
calorías por persona: unas 400
recipiente aconsejado: un recipiente de plástico

Ingredientes	*para 4 personas*	*para 2 personas*	*para 1 persona*
pennette	300 g	150 g	75 g
alcachofas	4 medianas	2 medianas	1 mediana
aceite extravirgen de oliva	50 g	25 g	12 g
queso rallado	60 g	30 g	15 g
perejil	c.s.	c.s.	c.s.
sal y pimienta	c.s.	c.s.	c.s.

Se limpian las alcachofas y se cortan, comprendida la parte tierna de los tallos, a lonjitas muy finas.

En un recipiente de plástico, apto para la cocción al microondas, se ponen el aceite y las alcachofas; se tapan con película.

Se dejan cocer 4 minutos.

Se cuecen las *pennette* por lo menos en 3 l de agua hirviente salada, se escurren *al dente* y se condimentan con el preparado de alcachofa, el queso y el perejil picado.

Espolvorear con pimienta recién molida y servir.

Polenta

**

cocción: 15 minutos
reposo: 2 minutos
calorías por persona: unas 250
recipiente aconsejado: una tartera

Ingredientes	*para 4 personas*	*para 2 personas*	*para 1 persona*
harina de maíz	250 g	125 g	60 g
agua	850 g	425 g	210 g
sal	c.s.	c.s.	c.s.

Se calienta el agua en una cazuela de vidrio, a intensidad máxima, durante 5 minutos.

Se vierte en ella la harina en lluvia, cuando el agua no haya alcanzado aún la ebullición, para evitar la formación de grumos, se mezcla bien con una cuchara de madera y se deja cocer durante 5 minutos, a intensidad máxima. Se mezcla y se mantiene la cocción otros 5 minutos.

Se deja reposar la polenta durante 2 minutos, se vierte sobre la adecuada tabla de madera y se sirve.

Polenta al queso

** **cocción: 18 minutos**
calorías por persona: unas 200
recipiente aconsejado: cazuela de barro

Ingredientes	*para 4 personas*	*para 2 personas*	*para 1 persona*
harina de maíz	250 g	125 g	60 g
queso fontina	50 g	25 g	12 g
queso asiago	50 g	25 g	12 g
queso gruyère	50 g	25 g	12 g
mantequilla	50 g	25 g	12 g
leche	500 g	250 g	125 g
agua	400 g	200 g	100 g
sal	c.s.	c.s.	c.s.

En una cazuela de barro se calientan el agua, la leche y la mantequilla, manteniéndolas a intensidad máxima durante 6 minutos.

Se añade la sal, se vierte la harina en forma de lluvia, mezclando con una cuchara de madera y se cuece en el horno de microondas a la máxima intensidad durante 6 minutos.

Se echan los quesos, cortados a daditos, se mezcla cuidadosamente y se mantiene la cocción otros 6 minutos a intensidad media.

Se aparta del horno, se mezcla bien y se sirve.

Macarrones con espinacas

**

cocción: 1 minuto
reposo: 1 minuto
calorías por persona: unas 400
recipiente aconsejado: una tartera

Ingredientes	*para 4 personas*	*para 2 personas*	*para 1 persona*
macarrones	400 g	200 g	100 g
queso de Cabrales	100 g	50 g	25 g
espinacas congeladas cocidas	200 g	100 g	50 g
mantequilla	20 g	10 g	5 g
agua caliente	c.s.	c.s.	c.s.
sal y pimienta	c.s.	c.s.	c.s.

En una tartera se pone el queso de Cabrales con algunas cucharadas de agua caliente y se incorpora la mantequilla, sin dejar de mezclar; a continuación la sal, la pimienta, las espinacas pasadas por la batidora y a temperatura ambiente; se obtendrá una crema suave.

Se cuece un minuto en el horno de microondas y se deja reposar durante otro minuto.

Se cuece la pasta en abundante agua salada y se cuela *al dente*; se lleva a la cazuela con la crema de espinacas. Se mezcla bien y se espolvorea con pimienta recién molida.

Arroz al curry

*

cocción: 12 minutos
reposo: 1 minuto
calorías por persona: unas 450
recipiente aconsejado: cacerola de pirex

Ingredientes	*para 4 personas*	*para 2 personas*	*para 1 persona*
arroz superfino	300 g	150 g	75 g
mantequilla	50 g	25 g	12 g
cebolla	1	½	¼
caldo vegetal o agua salada	1.000 g	500 g	250 g
curry	1 cucharadita	½ cucharadita	un pellizco
queso rallado	c.s.	c.s.	c.s.

Se llevan a una cacerola de pirex 20 g de mantequilla con la cebolla finamente picada.

Se deja cocer durante 1 minuto, se añade el agua, el vino y el arroz, se mezcla y se deja que tome sabor durante 2 minutos; se moja con el caldo vegetal, se tapa con película y se deja cocer 9 minutos.

Se añade el polvo de curry, la restante mantequilla y el queso rallado; se prueba y, eventualmente, se sala.

Se tapa y se deja el arroz en el horno apagado durante 1 minuto de reposo, se mezcla y sirve.

Arroz a la griega

*

cocción: 15 minutos
reposo: 2 minutos
calorías por persona: unas 300
recipiente aconsejado: cazuela de pirex

Ingredientes	*para 4 personas*	*para 2 personas*	*para 1 persona*
arroz largo	300 g	·150 g	75 g
puré de tomate	50 g	25 g	12 g
cebolla	1 pequeña	½	¼
caldo	500 g	250 g	125 g
aceitunas negras	50 g	25 g	12 g

En una cazuela de pirex se dispone el aceite, la cebolla picada finísima y se deja cocer durante 1 minuto.

Se añade a continuación el puré de tomate, se mezcla y se echa el arroz; se moja con el caldo hirviendo, se vuelve a mezclar y se deja cocer tapado durante 14 minutos.

Se saca el arroz del horno, se rectifica de sal, se mezcla, se añaden las aceitunas picadas, se tapa y se deja reposar 2 minutos.

Se sirve en una bandeja caliente.

Arroz a las hierbas

*

cocción: 16 minutos
reposo: 2 minutos
calorías por persona: unas 350
recipiente aconsejado: cazuela de pirex

Ingredientes	*para 4 personas*	*para 2 personas*	*para 1 persona*
arroz largo	300 g	150 g	75 g
vino blanco seco	½ vaso	¼ vaso	½ taza
queso rallado	50 g	25 g	12 g
cebolla	1 pequeña	½	¼
caldo	500 g	250 g	125 g
aceitunas negras	50 g	25 g	12 g
aceite			
hierbas			

Se vierte el aceite en una cazuela de pirex y se añade la cebolla finamente picada; se deja cocer durante 1 minuto.

Se añade el arroz, el vino blanco, se mezcla y recubre con el caldo; se vuelve a mezclar, se tapa y cuece 9 minutos.

Se saca del horno, se rectifica de sal, se añade el queso rallado, un poco de aceite, el picado de hierbas y las aceitunas cortadas.

Se tapa y deja reposar 2 minutos. Se sirve el arroz en una bandeja caliente.

Arroz con espárragos

**
cocción: 12 minutos
reposo: 3 minutos
calorías por persona: unas 350
recipiente aconsejado: cazuela de pirex

Ingredientes	*para 4 personas*	*para 2 personas*	*para 1 persona*
arroz superfino	300 g	150 g	75 g
espárragos	300 g	150 g	75 g
mantequilla	50 g	25 g	12 g
cebolla	1	½	¼
vino blanco seco	½ vaso	¼ vaso	½ taza
caldo vegetal	1.500 g	750 g	375 g
perejil picado	1 manojo	½ manojo	un poco

Se pica finamente la cebolla y se lleva a una cazuela con 20 g de mantequilla y la parte verde de los espárragos cortada a pedacitos.

Se cuecen en el horno durante 1 minuto, se añade el arroz y el vino, se mezcla y se deja un par de minutos para que tome sabor.

Se echa poco a poco el caldo caliente, se tapa la cazuela y se deja cocer durante 9 minutos, mezclando cada 3-4 minutos.

Si se prefiere que las puntas de los espárragos resulten más consistentes, se cuecen separadamente.

Al final de la cocción se añade el resto de la mantequilla y el queso y se rectifica de sal.

Se añade el perejil picado, se tapa, se deja reposar en el horno apagado durante 3 minutos y se sirve.

Arroz de alcachofas

**

cocción: 12 minutos
reposo: 3 minutos
calorías por persona: unas 400
recipiente aconsejado: cazuela de pirex

Ingredientes	*para 4 personas*	*para 2 personas*	*para 1 persona*
arroz superfino	300 g	150 g	75 g
alcachofas	300 g	150 g	75 g
mantequilla	50 g	25 g	12 g
queso rallado	c.s.	c.s.	c.s.
cebolla	1	½	¼
vino blanco seco	½ vaso	¼ vaso	½ tacita
caldo vegetal o agua ligeramente salada	1.500 g	750 g	375 g
perejil picado	1 cucharadita	un poco	un poco

Se lleva a la cazuela de pirex 20 g de mantequilla, la cebolla picada y las alcachofas limpias y cortadas a finas tajadas.

Se deja cocer durante 1 minuto, se añaden el arroz y el vino, se mezcla y se deja 2 minutos para que tomen sabor.

Se echa el caldo poco a poco y se completa la cocción en el horno durante 9 minutos, recordando que se ha de mezclar 2 o 3 veces.

Se añade el queso rallado y la mantequilla restante, se rectifica de sal, se tapa y se deja en el horno apagado durante 3 minutos; se mezcla y sirve.

Arroz al gorgonzola

cocción: 12 minutos
reposo: 1 minuto
** **calorías por persona: unas 470**
recipiente aconsejado: cazuela de pirex

Ingredientes	*para 4 personas*	*para 2 personas*	*para 1 persona*
arroz superfino	300 g	150 g	75 g
queso gorgonzola	70 g	35 g	15 g
mantequilla	30 g	15 g	7 g
cebolla	1	½	¼
vino blanco seco	½ vaso	¼ vaso	½ taza
caldo vegetal o agua ligeramente salada	1.500 g	750 g	350 g

Se lleva a una cazuela de pirex la cebolla finamente picada con 20 g de mantequilla.

Se deja cocer 1 minuto, se añaden el arroz y el vino, se mezcla y se esperan 2 minutos, para que tome sabor.

Se vierte el caldo y se acaba la cocción durante 9 minutos con el recipiente tapado con película.

Se añade el gorgonzola a pedacitos y la mantequilla restante; se mezcla, se tapa y se deja descansar 1 minuto.

Se mezcla bien y se sirve.

Arroz al tomate

*

cocción: 12 minutos
reposo: 1 minuto
calorías por persona: unas 450
recipiente aconsejado: cazuela de pirex

Ingredientes	*para 4 personas*	*para 2 personas*	*para 1 persona*
arroz superfino	300 g	150 g	75 g
mantequilla	50 g	25 g	12 g
cebolla	1	½	¼
vino blanco seco	½ vaso	¼ vaso	½ tacita
caldo vegetal o agua ligeramente salada	1.000 g	500 g	250 g
queso rallado	c.s.	c.s.	c.s.
puré de tomate	1 cucharada	½ cucharada	un poco

Se llevan a una cazuela de pirex 20 g de mantequilla y la cebolla finamente picada.

Se deja cocer durante 1 minuto, se añaden el arroz y el vino, y se deja que tome sabor, mezclando, durante 2 minutos.

Se vierte el caldo y se acaba la cocción durante 9 minutos con el recipiente tapado con una película.

Se añade el puré de tomate, la mantequilla restante y el queso rallado, se rectifica eventualmente de sal, se tapa y se deja en reposo 1 minuto.

Se mezcla y sirve.

Arroz al chalote

* **cocción: 12 minutos**
reposo: 1 minuto
calorías por persona: unas 350
recipiente aconsejado: cazuela de pirex

Ingredientes	*para 4 personas*	*para 2 personas*	*para 1 persona*
arroz superfino	300 g	150 g	75 g
mantequilla	50 g	25 g	12 g
escalonia	1	½	¼
vino blanco seco	½ vaso	¼ vaso	½ taza
caldo	1.000 g	500 g	250 g
azafrán	1 sobre	½ sobre	¼ sobre
chalote	1 picado	un poco	un poco
emmenthal	60 g	30 g	15 g

Se llevan a una cazuela de pirex 20 g de mantequilla con la escalonia finamente picada.

Se cuece durante 1 minuto, se añade el arroz y el vino, se mezcla y se esperan 2 minutos a que adquiera sabor.

Se vierte el caldo caliente, se tapa con película y se deja cocer 9 minutos.

Pasado este tiempo se echa el azafrán, el resto de la mantequilla, el emmenthal y la hierba cebollina o chalote, triturada.

Se rectifica de sal, se tapa y se deja descansar en el horno apagado durante 1 minuto, para evitar que se seque en exceso.

Se mezcla bien y se sirve inmediatamente.

Arroz con aceitunas verdes

** **cocción: 11 minutos**
reposo: 2 minutos
calorías por persona: unas 350
recipiente aconsejado: cazuela pirex

Ingredientes	*para 4 personas*	*para 2 personas*	*para 1 persona*
arroz largo	300 g	150 g	75 g
puré de tomate	50 g	25 g	12 g
queso rallado	50 g	25 g	12 g
cebolla	1 pequeña	½	¼
caldo	600 g	300 g	150 g
aceitunas verdes	50 g	25 g	12 g
aceite extravirgen de oliva	50 g	25 g	12 g

Se lleva a la cazuela el aceite con la cebolla finamente picada y se deja cocer durante 1 minuto.

Se añade el puré de tomate, se mezcla bien y se vierte el arroz; se cubre con el caldo hirviente y se mezcla bien.

Se tapa y se mantiene la cocción durante 10 minutos.

Se aparta del horno, se rectifica de sal, se añade el queso y un poco de aceite, las aceitunas verdes cortadas a pedacitos, se tapa y deja reposar 2 minutos.

Se sirve el arroz en bandeja calentada.

Arroz al azafrán y perejil

*

cocción: 12 minutos
reposo: 1 minuto
calorías por persona: unas 350
recipiente aconsejado: cazuela de pirex

Ingredientes	*para 4 personas*	*para 2 personas*	*para 1 persona*
arroz superfino	300 g	150 g	75 g
mantequilla	50 g	25 g	12 g
cebolla	1	½	¼
vino blanco seco	½ vaso	¼ vaso	½ taza
caldo	1.000 g	500 g	250 g
azafrán	1 sobre	½ sobre	¼ sobre
perejil picado	1 cucharadita	½ cucharadita	un poco
queso rallado	c.s.	c.s.	c.s.

Se lleva a una cazuela de pirex la cebolla picada con 20 g de mantequilla.

Se deja cocer durante 1 minuto y se añade el arroz y el vino, se mezcla y se deja que adquiera sabor durante 2 minutos.

Se vierte el caldo hirviente y se deja cocer otros 9 minutos, tapando el recipiente con película.

Se añade el azafrán y el perejil picado, la mantequilla restante y el queso rallado, se rectifica de sal y se deja reposar en el horno apagado, en recipiente tapado, no más de 1 minuto. Se mezcla y se sirve inmediatamente.

Espaguetis a la mediterránea

** **cocción: 6 minutos**
calorías por persona: unas 400
recipiente aconsejado: cazuela de barro

Ingredientes	*para 4 personas*	*para 2 personas*	*para 1 persona*
espaguetis	300 g	150 g	75 g
aceitunas negras	50	25	12
aceite extravirgen de oliva	30 g	15 g	7 g
pimientos rojos y amarillos	300 g	150 g	75 g
tomates pelados	200 g	100 g	50 g
ajo	1 diente	½ diente	¼ diente
albahaca	c.s.	c.s.	c.s.
sal	c.s.	c.s.	c.s.

Se lavan los pimientos, se limpian de filamentos y semillas y se cortan a tiritas.

En una cazuela de barro se dispone el aceite, los pimientos, las aceitunas negras deshuesadas, los tomates a pedacitos; se sala ligeramente, se tapa con película y se cuece al horno durante 6 minutos.

Entretanto se cuecen los espaguetis en abundante agua salada, se escurren *al dente* y se llevan a la cazuela con la salsa. Se mezcla bien, se añaden unas hojitas de albahaca y se sirve inmediatamente.

Espaguetis con aceitunas negras

*

cocción: 8 minutos
calorías por persona: unas 400
recipiente aconsejado: cazuela de vidrio

Ingredientes	*para 4 personas*	*para 2 personas*	*para 1 persona*
espaguetis	320 g	160 g	80 g
tomates frescos	400 g	200 g	100 g
aceite extravirgen de oliva	40 g	20 g	10 g
ajo	1 diente	½ diente	¼ diente
guindilla	1 pedacito	muy poca	poquísima
alcaparras	1 cucharada	unas pocas	pocas
aceitunas deshuesadas	50 g	25 g	12 g
anchoas	2 filetes	1 filete	½ filete
perejil picado	un poco	un poco	un poco
sal y pimienta	c.s.	c.s.	c.s.

Se lleva el ajo, sin germen, a una cazuela de vidrio, con el aceite y la guindilla, a la que se habrán suprimido las semillas.

Se cuece durante 2 minutos a la intensidad del 80 %. Se aparta el ajo para que la salsa no resulte excesivamente fuerte.

Se añaden los tomates, las anchoas, las alcaparras y las aceitunas a pedacitos, se mezcla y cuece a la máxima intensidad 6 minutos.

Se rectifica de sal y pimienta.

Entretanto se cuecen los espaguetis en abundante agua hirviente con sal, se escurren *al dente* y se condimentan con la salsa preparada y el perejil picado.

Espaguetis con almejas

** **cocción: 5 minutos**
calorías por persona: unas 400
recipiente aconsejado: cazuela de pirex

Ingredientes	*para 4 personas*	*para 2 personas*	*para 1 persona*
espaguetis	320 g	160 g	80 g
almejas	800 g	400 g	200 g
vino blanco seco	½ vaso	¼ vaso	½ taza
aceite extravirgen de oliva	40 g	20 g	10 g
ajo	1 diente	½ diente	¼ diente
perejil	c.s.	c.s.	c.s.
sal y pimienta	c.s.	c.s.	c.s.

Se limpian y lavan las almejas, dejándolas al chorro del agua corriente durante unos 10 minutos.

Se llevan a una cazuela de pirex, algo amplia y, tapada, se introducen en el microondas durante 3 minutos. Conforme las almejas se vayan abriendo se sacan de las valvas y se reservan, mezclando las restantes. Cuando todas se hayan abierto se filtra el caldo a través de una tela o un colador muy fino.

En otro recipiente se disponen el ajo y el aceite, se deja cocer durante 2 minutos, se añaden las almejas, se moja con el vino blanco seco, se mezcla y se deja evaporar.

Se lava y pica el perejil, se une a las almejas y se salpimenta.

Aparte se cuecen los espaguetis en abundante agua salada, se escurren *al dente*, se condimentan con las almejas y se sirven inmediatamente.

Espaguetis con mariscos

** **cocción: 5 minutos**
calorías por persona: unas 400
recipiente aconsejado: cazuela de pirex

Ingredientes	*para 4 personas*	*para 2 personas*	*para 1 persona*
espaguetis	300 g	150 g	75 g
mariscos variados	1.000 g	500 g	250 g
vino blanco seco	½ vaso	¼ vaso	½ taza
aceite extravirgen de oliva	40 g	20 g	10 g
ajo	1 diente	½ diente	¼ diente
perejil	c.s.	c.s.	c.s.

Se limpian y lavan cuidadosamente los mariscos, dejándolos bajo el agua corriente unos 10 minutos. Se llevan a una cazuela de pirex, bastante amplia, se tapa y cuece 3 minutos al microondas.

Conforme los mariscos se vayan abriendo, se sacan de las valvas y se reservan, mezclando los restantes.

Cuando todos se hayan abierto se filtra el líquido que han soltado con un colador de mallas muy finas. En otro recipiente se pone el aceite, el ajo, desprovisto del germen y se cuece durante 2 minutos.

Se vierte el vino sobre los mariscos, se mezcla y deja evaporar, se añade el perejil y se salpimenta.

Aparte se cuecen los espaguetis con abundante agua salada y se escurren *al dente*, condimentándolos a continuación con el jugo de los mariscos.

Tallarines rosados

*

cocción: 6 minutos
reposo: 2 minutos
calorías por persona: unas 350
recipiente aconsejado: cazuela de pirex

Ingredientes	*para 4 personas*	*para 2 personas*	*para 1 persona*
tomates pelados	300 g	150 g	75 g
tallarines	250 g	125 g	60 g
nata fresquísima	100 g	50 g	25 g
escalonia	1	½	¼
sal y pimienta	c.s.	c.s.	c.s.

Se dispone la escalonia, finamente picada, en una cazuela de pirex, con los tomates pelados, bien escurridos y ligeramente triturados.

Se cuece durante 3 minutos en el horno de microondas.

Se añade la nata, se mezcla y se cuece durante 3 minutos más, a continuación se pasa la batidora.

Entretanto se cuecen los tallarines en abundante agua salada, se escurren *al dente* y se condimentan con la salsa preparada.

Se espolvorea con pimienta recién molida y se sirve inmediatamente.

Tallarines con nata y tomate

cocción: 6 minutos
reposo: 2 minutos
* **calorías por persona: unas 350**
recipiente aconsejado: cazuela de pirex

Ingredientes	*para 4 personas*	*para 2 personas*	*para 1 persona*
tomates pelados	300 g	150 g	75 g
tallarines	250 g	125 g	60 g
nata	100 g	50 g	25 g
cebollino	½	¼	1/8
albahaca	c.s.	c.s.	c.s.

Se llevan a un recipiente de pirex el cebollino finamente picado y los tomates bien escurridos y ligeramente triturados. Se cuece en el horno de microondas durante 3 minutos.

Se añade la nata, se mezcla y pasa la batidora.

Entretanto se cuecen los tallarines en abundante agua salada, se escurren *al dente* y se condimentan con la salsa preparada. Se espolvorea con la albahaca picada y se mezcla bien.

Se añade pimienta y se sirve inmediatamente.

VERDURAS

Fritada de berenjenas

**

cocción: 10 minutos
reposo: 2 minutos
calorías por persona: unas 110
recipiente aconsejado: pirex

Ingredientes	*para 4 personas*	*para 2 personas*	*para 1 persona*
berenjenas	500 g	250 g	125 g
pulpa de tomate	100 g	50 g	25 g
cebolla	1	½	¼
apio	1 tallo	½ tallo	¼ tallo
alcaparras	1 cucharada	unas cuantas	unas cuantas
aceitunas negras	1 cucharada	unas cuantas	unas cuantas
vinagre	una gotas	unas gotas	unas gotas
aceite extravirgen de oliva	30 g	15 g	7 g
sal y pimienta	c.s.	c.s.	c.s.

Se lavan las berenjenas y se cortan a dados, dejando la piel. En un recipiente de pirex, de tamaño mediano, se pone la cebolla cortada fina, el tallo de apio a trocitos y los pedacitos de berenjena.

Se añade el aceite, se salpimenta ligeramente, se añaden las alcaparras y las aceitunas negras.

A los 10 minutos de cocción se salpica con unas gotas de vinagre y se deja reposar 2 minutos.

Se sirve caliente o tibia.

Alcachofas rellenas

**

cocción: 10 minutos
reposo: 2 minutos
calorías por persona: unas 200
recipiente aconsejado: bandeja de vidrio o cerámica

Ingredientes	*para 4 personas*	*para 2 personas*	*para 1 persona*
fondos de alcachofa	8	4	2
huevos	4	2	1
nata	30 g	15 g	7 g
perejil picado	1 cucharada	un poco	un poquito
limón	1 exprimido	½ exprimido	¼ exprimido
sal	c.s.	c.s.	c.s.

Se echan los corazones de alcachofa en agua acidulada con zumo de limón para que no se ennegrezcan. Se escurren y se llevan a una bandeja, se salan ligeramente y se llevan al horno durante 5 minutos.

Se baten los huevos con el perejil picado y un poquito de nata. Se salan ligeramente.

Se llenan los fondos de las alcachofas con la mezcla preparada, se tapa con película y se cuecen durante 5 minutos.

Se dejan reposar las alcachofas durante 2 minutos.

Se mantienen tapadas hasta el momento de servirlas, en que se adorna la bandeja con ramitas de perejil o ensalada roja.

Cardos a las hierbas

*

cocción: 7 minutos
reposo: 1 minuto
calorías por persona: unas 70
recipiente aconsejado: bandeja

Ingredientes	*para 4 personas*	*para 2 personas*	*para 1 persona*
cardos	600 g	300 g	150 g
mantequilla	30 g	15 g	7 g
tomillo picado	c.s.	c.s.	c.s.

Se limpian y lavan los cardos, se cortan a tiritas finas, se llevan a la bandeja y se mojan con un vaso de agua.

Se salan ligeramente, se esparce sobre ellos tomillo picado, se tapan y dejan cocer durante 7 minutos, dando vueltas de vez en cuando al recipiente.

A mitad de la cocción se añade la mantequilla a pedacitos.

Pasado el tiempo de cocción se dejan 1 minuto de reposo antes de servir.

Zanahorias a la mantequilla

*

cocción: 6 minutos
reposo: 1 minuto
calorías por persona: unas 80
recipiente aconsejado: bandeja de servicio

Ingredientes	*para 4 personas*	*para 2 personas*	*para 1 persona*
zanahorias nuevas	600 g	300 g	150 g
mantequilla	30 g	15 g	7 g
sal	c.s.	c.s.	c.s.

Se rascan las zanahorias, se lavan y se cortan en cubitos.

Se disponen en la bandeja, se mojan con un vaso de agua, se salan ligeramente, se tapan y se dejan cocer en el horno durante 6 minutos, dando vuelta de vez en cuando al recipiente.

A mitad de cocción se añade la mantequilla a pedacitos.

Se dejan reposar 1 minuto antes de servir.

Coliflor a la nata

* **cocción: 7 minutos**
reposo: 1 minuto
calorías por persona: unas 130
recipiente aconsejado: cazuela de pirex

Ingredientes	*para 4 personas*	*para 2 personas*	*para 1 persona*
coliflor	700 g	350 g	175 g
nata	100 g	50 g	25 g
perejil picado	1 cucharadita	un poco	un poquito
sal y pimienta	c.s.	c.s.	c.s.

Se divide la coliflor en ramitos, se lavan, secan y se disponen en la tartera, dejando un hueco en la parte central.

Se tapa con película y se cuece a intensidad máxima durante 3 minutos.

Se destapa la cazuela, se salpimenta y se mezcla.

Se añade la nata, se tapa de nuevo y se cuece durante 4 minutos a intensidad ligeramente inferior, añadiendo el perejil picado.

Se deja reposar 1 minuto, se destapa, se mezcla y se sirve.

Hinojo al tomillo

*

cocción: 3 minutos
reposo: 1 minuto
calorías por persona: unas 70
recipiente aconsejado: plato de servicio

Ingredientes	*para 4 personas*	*para 2 personas*	*para 1 persona*
hinojos	600 g	300 g	150 g
mantequilla	30 g	15 g	7 g
tomillo picado	c.s.	c.s.	c.s.
sal	c.s.	c.s.	c.s.

Se limpian y lavan los hinojos y se cortan a tiritas finas.

Se colocan estas tiritas en una bandeja de servicio y se mojan con un vaso de agua; se salan ligeramente y se espolvorean con el tomillo picado.

Se tapa con película y se cuece en el horno durante 3 minutos, mezclando, por lo menos, una vez.

Se separa la película sólo en el momento de servir, para que resulten más blandos.

Patatas al romero

*

cocción: 12 minutos
reposo: 2 minutos
calorías por persona: unas 250
recipiente aconsejado: cazuela de pirex

Ingredientes	*para 4 personas*	*para 2 personas*	*para 1 persona*
patatas	800 g	400 g	200 g
mantequilla	50 g	25 g	12 g
romero	una ramita	un poco	un poquito
sal y pimienta	c.s.	c.s.	c.s.

Se lavan y pelan las patatas.

Se cortan a pedazos, se lavan nuevamente y se secan perfectamente para que resulten más crujientes.

Se lleva la mantequilla a la cazuela de pirex, y se deja en el horno de microondas, a la máxima intensidad durante 1 minuto.

Se añaden las patatas y se cuecen, con el recipiente destapado durante 11 minutos, dando vuelta un par de veces.

Pasado este tiempo, se salpimenta, se añade el romero y se dejan en reposo 2 minutos antes de servir.

Pisto manchego

*

cocción: 10 minutos
reposo: 3 minutos
calorías por persona: unas 110
recipiente aconsejado: cazuela de barro

Ingredientes	*para 4 personas*	*para 2 personas*	*para 1 persona*
pimientos rojos y amarillos	800 g	400 g	200 g
pulpa de tomate	100 g	50 g	25 g
cebolla	1	½	¼
aceite extravirgen de oliva	20 g	10 g	5 g
sal y pimienta	c.s.	c.s.	c.s.

Se lavan los pimientos, se suprimen las semillas y los filamentos y se cortan a pedacitos.

Se echa el aceite en la cazuela de barro, se añade la cebolla finamente picada, los pimientos y la pulpa de tomate; se sala ligeramente.

Se lleva al horno de microondas durante 4 minutos, se mezcla, se tapa y se deja cocer a intensidad máxima durante otros 6 minutos.

Se deja reposar 3 minutos y se sirve.

Este pisto también se utiliza como condimento para la pasta.

Tomates al horno

*

cocción: 6 minutos
reposo: 1 minuto
calorías por persona: unas 80
recipiente aconsejado: de vidrio, con paredes altas

Ingredientes	*para 4 personas*	*para 2 personas*	*para 1 persona*
tomates maduros medianos	800 g	400 g	200 g
aceite extravirgen de oliva	25 g	12 g	6 g
sal	c.s.	c.s.	c.s.

Se lavan y secan los tomates.

Se agujerea la piel con un palillo y se salan ligeramente.

Se disponen los tomates en un recipiente de vidrio ligeramente untado de aceite, se tapan con película y se cuecen con el horno a la máxima potencia durante 6 minutos.

Se dejan reposar 1 minuto.

Estos tomates pueden servirse calientes o fríos.

Tomates sabrosos

cocción: 3 minutos
reposo: 1 minuto
* **calorías por persona: unas 140**
recipiente aconsejado: tartera de pirex

Ingredientes	*para 4 personas*	*para 2 personas*	*para 1 persona*
tomates	200 g	100 g	50 g
mozzarella	100 g	50 g	25 g
aceite extravirgen de oliva	20 g	10 g	5 g
jamón cocido	60 g	30 g	15 g
menta picada	un pellizco	c.s.	c.s.
sal	c.s.	c.s.	c.s.

Se lavan los tomates, se cortan por la mitad y se disponen en una fuente de pirex con un hilillo de aceite.

Se corta la mozzarella a daditos y se coloca en las barquitas de tomate.

Se sala ligeramente y se espolvorea con la menta picada.

Se pica el jamón y se dispone encima de los medios tomates.

Se llevan al horno durante 3 minutos; se dejan descansar 1 minuto y se sirven.

Tomates rellenos

*

cocción: 3 minutos
reposo: 1 minuto
calorías por persona: unas 150
recipiente aconsejado: tartera de pirex

Ingredientes	*para 4 personas*	*para 2 personas*	*para 1 persona*
tomates	200 g	100 g	50 g
mozzarella	100 g	50 g	25 g
aceite extravirgen de oliva	30 g	15 g	7 g
filetes de anchoa	2	1	½
orégano	un pellizco	c.s.	c.s.
sal y pimienta	c.s.	c.s.	c.s.

Se lavan los tomates, se cortan por la mitad y se disponen en una tartera de pirex untada con aceite.

Se cortan daditos de mozzarella y se disponen sobre las barcas de tomate.

Se pulveriza el orégano, se sala ligeramente y se disponen las anchoas partidas.

Se cuecen en el microondas durante 3 minutos. Si se desea que los tomates resulten más blandos se tapan con película.

Se dejan reposar 1 minuto. Se sirven, con el molinillo de la pimienta aparte.

Setas rellenas

*

cocción: 6 minutos
reposo: 2 minutos
calorías por persona: unas 100
recipiente aconsejado: bandeja de servicio

Ingredientes	*para 4 personas*	*para 2 personas*	*para 1 persona*
setas	800 g	400 g	200 g
ajo	1 diente	½ diente	¼ diente
perejil	abundante	un poco	un poco
sal y pimienta negra	c.s.	c.s.	c.s.

Se limpian las setas, sin lavarlas, empleando un cuchillito y un trapo húmedo únicamente.

Se separan los pies del sombrerillo y se pican ligeramente, con el ajo y el perejil.

Se disponen los sombrerillos en una bandeja ligeramente untada y se rellenan con el preparado anterior.

Se salpimenta ligeramente, se rocía con poquísimo aceite y se cuecen durante 6 minutos a intensidad baja.

Se dejan reposar 2 minutos y se sirven.

Pisto de verduras

cocción: 10 minutos
reposo: 2 minutos
** **calorías por persona: unas 180**
recipiente aconsejado: cazuela de pirex

Ingredientes	*para 4 personas*	*para 2 personas*	*para 1 persona*
cebollas	100 g	100 g	50 g
patatas	300 g	150 g	75 g
pimientos	200 g	100 g	50 g
calabacines	300 g	150 g	75 g
aceite extravirgen de oliva	30 g	15 g	7 g
queso de Parma rallado (facultativo)	30 g	15 g	7 g
sal	c.s.	c.s.	c.s.

Se limpian y lavan las verduras y se cortan en cubitos de unos 2 cm de lado. Se unta ligeramente una cazuela de pirex, se llevan a ella las verduras, se salpimentan y se mezclan.

Se cuecen durante 10 minutos en recipiente tapado. Se destapa y se dejan descansar 2 minutos.

Si se desea que quede más suave se mantiene cubierta la cazuela hasta el momento de servir.

En el momento de llevarla a la mesa se destapa, se rectifica de sal y pimienta y, si agrada, se espolvorea con el queso rallado.

Calabacines a la menta

* **cocción: 4 minutos**
reposo: 2 minutos
calorías por persona: unas 80
recipiente aconsejado: tartera de pirex

Ingredientes	*para 4 personas*	*para 2 personas*	*para 1 persona*
calabacines frescos	600 g	300 g	150 g
leche	150 g	75 g	35 g
mantequilla	10 g	5 g	2 g
ajo	1 diente	½ diente	¼ diente
hojas de menta	una picada	unas pocas	unas poquitas
sal	c.s.	c.s.	c.s.

Se lavan los calabacines y se cortan a dados.

Se restriega con el ajo una tartera de pirex, se llevan a ella los calabacines, se salan ligeramente, se cubren de leche y se tapan. Se dejan cocer durante 4 minutos, dando vuelta a la tartera de vez en cuando.

Se destapa, se añade la mantequilla y la menta picada, se mezcla.

Se deja reposar 2 minutos y se sirve.

Calabacines al perejil

*

cocción: 5 minutos
reposo: 2 minutos
calorías por persona: unas 100
recipiente aconsejado: tartera de pirex

Ingredientes	*para 4 personas*	*para 2 personas*	*para 1 persona*
calabacines	600 g	300 g	150 g
ajo	1 diente	½ diente	¼ diente
aceite extravirgen de oliva	30 g	15 g	7 g
perejil	una picada	un poco	un poquito
sal y pimienta	c.s.	c.s.	c.s.

Se lavan los calabacines y se cortan a cubitos.

Se lleva el ajo, libre del germen a la tartera de pirex con el aceite y se calienta durante 30 segundos.

Se echan los calabacines y se tapa con película. Se cuece a intensidad máxima durante 4 minutos y medio.

Se destapa, se deja reposar 1 minuto, se añade el perejil picado y se salpimenta.

Si se desea que los calabacines resulten más sabrosos se sirven con ajo finamente picado.

Se mezcla, se separa el ajo entero y se sirve.

HUEVOS

Flan arlequín

**

cocción: 25 minutos
reposo: 2 minutos
calorías por persona: unas 230
recipiente aconsejado: molde savarin de pirex

Ingredientes	*para 4 personas*	*para 2 personas*	*para 1 persona*
espinacas	400 g	200 g	100 g
zanahorias	400 g	200 g	100 g
queso rallado	80 g	40 g	20 g
huevos	2	1	½
mantequilla	20 g	10 g	5 g
sal y nuez moscada	c.s.	c.s.	c.s.

Se cuecen las espinacas en un recipiente bajo y ancho con la sola agua de lavado. Se rascan las zanahorias, se cortan a pedazos y se cuecen en poca agua fría. Se escurren las verduras y se pasan por la batidora, separadamente. Se añade el queso de Parma rallado, a partes iguales en cada puré, se salan y se añade algo de nuez moscada sólo a la parte correspondiente a las zanahorias. Se añade un huevo a cada preparado.

Se unta con mantequilla un molde savarin de capacidad de 3/4 de litro, vertiendo primero el compuesto de espinacas y luego el de zanahorias. Se tapa el molde con película.

Se cuece en el horno de microondas durante 25 minutos, dando vuelta al molde de vez en cuando.

Se deja reposar 2 minutos y se desmolda sobre una bandeja redonda y se sirve.

Flan de acelgas

cocción: 20 minutos
reposo: 2 minutos
** **calorías por persona: unas 230**
recipiente aconsejado: molde de pirex

Ingredientes	*para 4 personas*	*para 2 personas*	*para 1 persona*
acelgas limpias	750 g	375 g	180 g
queso rallado	60 g	30 g	15 g
pan rallado	30 g	15 g	7 g
mantequilla	20 g	10 g	5 g
huevos	3	1 y ½	3/4
sal y pimienta	c.s.	c.s.	c.s.

Se cuecen las acelgas limpias y bien lavadas en un recipiente ancho y bajo, con la sola agua del lavado.

Se escurren, se pasan por la batidora hasta la obtención de una crema a la que se le añade el queso rallado y el pan.

Se incorporan los huevos uno cada vez, mezclando enérgicamente; se salpimenta.

Se unta con mantequilla una flanera de la capacidad de 3/4 de litro y se vierte en ella el preparado. Se tapa con película.

Se cuece durante 20 minutos en el horno de microondas, dando la vuelta al molde de vez en cuando.

Se deja reposar 2 minutos, se desmolda en una bandeja y se guarnece, de acuerdo con los gustos.

Tortilla de verduras

*

cocción: 10 minutos
reposo: 2 minutos
calorías por persona: unas 150
recipiente aconsejado: de vidrio o pirex

Ingredientes	*para 4 personas*	*para 2 personas*	*para 1 persona*
calabacines nuevos	400 g	200 g	100 g
pimiento	1 pequeño	½	¼
huevos	5	2 y ½	1
mantequilla	30 g	15 g	7 g
ajo	1 diente	½ diente	¼ diente
albahaca	abundante	un poco	un poquito
sal y pimienta	c.s.	c.s.	c.s.

Se lavan y cortan muy finos los calabacines y el pimiento. Se unta con mantequilla un recipiente de pirex o de vidrio, se llevan a él las verduras, con el ajo picado muy fino y la albahaca, también finamente picada y se hace cocer en el horno durante 5 minutos.

Aparte se baten los huevos, con un pellizco de sal y un poco de pimienta blanca recién molida.

Se mezclan los huevos con las verduras y se dejan cocer durante 5 minutos, dando vuelta al recipiente, por lo menos una vez.

Cuando acabe la cocción se mantiene en reposo 2 minutos con el fuego apagado. Se sirve caliente o tibia.

Tortilla de cebolla

*

cocción: 10 minutos
reposo: 3 minutos
calorías por persona: unas 150
recipiente aconsejado: cazuela de pirex

Ingredientes	*para 4 personas*	*para 2 personas*	*para 1 persona*
cebollas	300 g	150 g	75 g
huevos	8	4	2
perejil	un manojo	un poco	un poquito
leche	20 g	10 g	5 g
aceite extravirgen de oliva	20 g	10 g	5 g
sal y pimienta	c.s.	c.s.	c.s.

Se pelan las cebollas y se cortan muy finas. Se unta la cazuela con el aceite extravirgen. Se llevan a la cazuela las cebollas, el perejil bien picado y se deja cocer 5 minutos.

Entretanto se baten los huevos con la leche y un pellizco de sal; si gusta, se añade pimienta.

Se une el preparado de huevo a las cebollas, mezclando muy bien.

Se cuece durante 5 minutos; a mitad de cocción, mezclar, llevando las cebollas que se encuentran en los bordes hacia el centro y viceversa.

A final de la cocción se deja reposar la tortilla 3 minutos en el horno apagado.

Se sirve caliente o fría, de acuerdo con los gustos.

Tortilla de calabacín

*

cocción: 8 minutos
reposo: 3 minutos
calorías por persona: unas 150
recipiente aconsejado: de vidrio

Ingredientes	*para 4 personas*	*para 2 personas*	*para 1 persona*
calabacines	800 g	400 g	200 g
huevos	6	3	1 y ½
mantequilla o aceite extravirgen de oliva	20 g	10 g	5 g
ajo	1 diente	½ diente	¼ diente
perejil	un ramito	un poco	un poquito
sal	c.s.	c.s.	c.s.

Se lavan y pelan los calabacines y se cortan a pedacitos pequeños.

Se unta con mantequilla o aceite un recipiente de vidrio, bajo y ancho, después de haberlo restregado con ajo.

Se disponen los calabacines en el recipiente y se cuecen durante 6 minutos.

Entretanto se baten los huevos con el perejil y la sal.

Se vierten los huevos sobre los calabacines, mezclando muy bien.

Se deja cocer durante dos minutos y se mezcla.

Acabada la cocción se deja reposar la tortilla en el horno apagado durante 3 minutos; luego se sirve caliente o fría.

Tortilla de queso

*

cocción: 1 minuto y medio
reposo: 1 minuto
calorías por persona: unas 150
recipiente aconsejado: plato grill

Ingredientes	*para 4 personas*	*para 2 personas*	*para 1 persona*
huevos	4	2	1
emmenthal	100 g	50 g	25 g
mantequilla	20 g	10 g	5 g
sal	c.s.	c.s.	c.s.

Se calienta el plato-grill a la máxima intensidad; se unta con mantequilla.

Entretanto se montan las claras a punto de nieve, se salan y se unen a las yemas que se habrán batido aparte.

Se vierte la mezcla en el centro del plato caliente y se extiende de manera uniforme. Se mantiene en el microondas durante 1 minuto.

Se añade el queso cortado a tajaditas finas y se vuelve a hornear durante 30 segundos.

Se dobla la tortilla (como si se tratara de una tortilla a la francesa) mediante una paleta y se deja reposar durante 1 minuto.

Pastel de espinacas y piñones

**

cocción: 25 minutos
reposo: 2 minutos
calorías por persona: unas 245
recipiente aconsejado: un molde de 3/4 de litro

Ingredientes	*para 4 personas*	*para 2 personas*	*para 1 persona*
espinacas limpias	750 g	375 g	180 g
piñones	30 g	15 g	7 g
queso rallado	50 g	25 g	12 g
mantequilla	15 g	5 g	3 g
pan rallado	50 g	25 g	12 g
huevos	2	1	½
sal y pimienta	c.s.	c.s.	c.s.

Se cuecen las espinacas en una cazuela baja y ancha con sólo el agua del lavado. Se escurren, y pasan por la batidora; se añade el pan rallado y el queso.

Se incorporan los huevos, de uno en uno, mezclando cuidadosamente, después los piñones; se salpimenta ligeramente.

Se unta con mantequilla un molde de la capacidad de 3/4 de litro y se vierte el compuesto preparado.

Se tapa con película transparente y se cuece en el horno de microondas durante 25 minutos, dando de vez en cuando vuelta al molde.

Acabada la cocción se deja reposar en el horno apagado durante 2 minutos; se desmolda en la bandeja de servicio y se sirve.

Tarta de cebolla

**

cocción: 10 minutos
reposo: 3 minutos
calorías por persona: unas 150
recipiente aconsejado: tartera de pirex

Ingredientes	*para 4 personas*	*para 2 personas*	*para 1 persona*
cebollas	800 g	400 g	200 g
huevos	6	3	1 y ½
mantequilla	30 g	15 g	7 g
orégano	c.s.	c.s.	c.s.
sal y pimienta	c.s.	c.s.	c.s.
leche	dos vasos	un vaso	medio vaso

Se pelan las cebollas y se cortan muy finas. Se unta con mantequilla una tartera de pirex, adecuada para el horno de microondas, empleando la totalidad de la mantequilla.

Se dispone en el recipiente la cebolla, con el orégano, y se cuecen por espacio de 5 minutos.

En un tazón se baten los huevos con la leche, un pellizco de sal y, si gusta, pimienta.

Se une el batido de huevos a las cebollas, se mezcla muy bien y se deja cocer 5 minutos.

A mitad de cocción se mezclan las cebollas, llevando al centro las de los bordes y viceversa.

Acabada la cocción se deja 3 minutos en el horno apagado, para el tiempo de reposo. Se sirve caliente o fría (nunca de nevera).

Tortilla de alcachofas

***

cocción: 9 minutos
reposo: 1 minuto
calorías por persona: unas 240
recipiente aconsejado: cazuela de pirex

Ingredientes	*para 4 personas*	*para 2 personas*	*para 1 persona*
corazones de alcachofa	500 g	250 g	125 g
patatas	200 g	100 g	50 g
cebolla	50 g	25 g	12 g
queso rallado	40 g	20 g	10 g
huevos	2	1	½
aceite extravirgen de oliva	50 g	25 g	12 g
limón	1	½	¼
sal y pimienta	c.s.	c.s.	c.s.

Se limpian las alcachofas y se llevan los corazones a agua acidulada con zumo de limón para que no se ennegrezcan.

Se lavan las patatas, se pelan y se cortan delgaditas.

Se pela la cebolla y se corta muy fina.

En un recipiente de pirex adecuado para la cocción en el microondas se disponen los corazones de alcachofa, cortados a gajos muy delgados, las patatas y el aceite. Se cuecen durante 5 minutos, tapados con película transparente.

Entretanto se baten los huevos con el queso rallado y un pellizco de sal y algo de pimienta. Se vierte esta mezcla sobre las verduras, se tapa y se cuece durante 4 minutos; a mitad de cocción se mezclan, llevando las verduras de los bordes al centro y viceversa.

Acabada la cocción se deja 1 minuto de reposo en el horno.

PESCADOS

Langosta al coñac

*

cocción: 3 minutos
reposo: 1 minuto
calorías por persona: unas 180
recipiente aconsejado: bandeja de servicio

Ingredientes	*para 4 personas*	*para 2 personas*	*para 1 persona*
langosta	1 kg	500 g	250 g
aceite extravirgen de oliva	30 g	15 g	7 g
zumo de limón	unas gotas	unas gotas	unas gotas
coñac	50 g	25 g	12 g
perejil picado	1 cucharadita	un poco	un poquito
sal y pimienta	c.s.	c.s.	c.s.

Se lava la langosta al chorro de agua y se corta el dorso con un cuchillo bien afilado.

En un tazón se disuelve un pellizco de sal con unas gotas de zumo de limón y el coñac; sin dejar de mezclar se añade el aceite y el picado de perejil.

Se lleva la langosta a una bandeja y se rocía con el preparado.

Se tapa con película y se lleva al horno a máxima intensidad durante 3 minutos. Si se trata de langosta congelada se han de aumentar ligeramente los tiempos de cocción.

Se elimina la película y se deja reposar 1 minuto antes de servir, espolvoreando encima pimienta negra recién molida.

Lubina al cartucho

*

cocción: 15 minutos
reposo: 1 minuto
calorías por persona: unas 200
recipiente aconsejado: papel aceitado

Ingredientes	*para 4 personas*	*para 2 personas*	*para 1 persona*
lubina	1 kg	500 g	250 g
aceite extravirgen de oliva	30 g	15 g	7 g
zumo de limón	1 cucharadita	unas gotas	unas gotas
ajo	1 diente	½ diente	¼ diente
sal y pimienta	c.s.	c.s.	c.s.

Sobre una hoja de papel aceitado se dispone la lubina limpia y lavada.

Se rocía con el zumo de limón, el aceite, se añade el ajo, al que se habrá eliminado el germen, la sal y la pimienta.

Se cierra el cartucho sin apretar excesivamente y se cuece en el horno a intensidad máxima durante 15 minutos, dando vuelta un par de veces al cartucho, para que la cocción resulte uniforme.

Se deja reposar 1 minuto; se sirve abriendo el cartucho delante de los comensales.

Pez espada a la ruca

*

cocción: 1 minuto
reposo: 1 minuto
calorías por persona: unas 200
recipiente aconsejado: plato de servicio

Ingredientes	*para 4 personas*	*para 2 personas*	*para 1 persona*
pez espada cortado muy fino	300 g	150 g	75 g
ruca	un manojo	½ manojo	un poco
aceite extravirgen de oliva	2 cucharadas	1 cucharada	½ cucharada
sal y pimienta	c.s.	c.s.	c.s.

Se disponen los cortes de pez espada en una bandeja, sin superponerlos, se untan ligeramente y se espolvorean con pimienta.

Se cuecen en el horno de microondas, a máxima intensidad, durante 1 minuto; se deja reposar 1 minuto, y se salpimenta.

Se recubre el pescado con las hojas de ruca lavadas y cortadas a tiritas.

Dentón con salsa de alcaparras

**

cocción: 13 minutos
reposo: 3 minutos
calorías por persona: unas 300
recipiente aconsejado: bandeja de pirex

Ingredientes	*para 4 personas*	*para 2 personas*	*para 1 persona*
para la salsa:			
alcaparras	50 g	25 g	12 g
aceite extravirgen de oliva	60 g	30 g	15 g
perejil	un manojo	un poco	un poco
sal y pimienta	c.s.	c.s.	c.s.
para el pescado:			
dentón	800 g	400 g	200 g
aceite extravirgen de oliva	30 g	15 g	7 g
ajo	1 diente	½ diente	¼ diente
sal	c.s.	c.s.	c.s.

Se prepara la salsa batiendo las alcaparras con el perejil y diluyendo en agua y aceite. Se lleva a un recipiente adecuado para la cocción en microondas y se cuece durante 3 minutos. Se deja reposar 1 minuto y se rectifica de sal.

Se limpia el dentón, se desescama, se lava y seca, poniéndolo en un recipiente de pirex con un chorrito de aceite y el ajo finamente picado.

Se cuece a intensidad máxima, en recipiente tapado, durante 10 minutos; se deja reposar 2 minutos y se sirve con la salsa de alcaparras.

Ensalada aromática de pez espada y atún

*

cocción: 3 minutos
reposo: 1 minuto
calorías por persona: unas 180
recipiente aconsejado: bandeja de servicio

Ingredientes	*para 4 personas*	*para 2 personas*	*para 1 persona*
atún y pez espada a lonjas finas	400 g	200 g	100 g
aceite extravirgen de oliva	30 g	15 g	7 g
zumo de limón	unas gotas	unas gotas	unas gotas
agua	50 g	25 g	12 g
perejil	una picada	un poco	un poquito
ruca	algunas hojas	algunas hojas	algunas hojas
sal y pimienta recién molida	c.s.	c.s.	c.s.

En un tazón se disuelve la sal con el zumo de limón y el agua y, sin dejar de mezclar se añaden el perejil picado y el aceite.

Se disponen las lonjitas de atún alternándolas con las de pez espada en una bandeja y se riegan con la salsa preparada.

Se tapa con la película transparente y se cuece en el horno de microondas 3 minutos a intensidad máxima.

Se deja reposar 1 minuto con el recipiente destapado. Se decora la bandeja con hojas de ruca y se sirve.

Chipirones rehogados

*

cocción: 15 minutos
reposo: 2 minutos
calorías por persona: unas 120
recipiente aconsejado: cazuela de barro

Ingredientes	*para 4 personas*	*para 2 personas*	*para 1 persona*
chipirones limpios	800 g	400 g	200 g
vino blanco seco	100 g	50 g	25 g
aceite extravirgen de oliva	25 g	12 g	6 g
ajo	1 diente	½ diente	¼ diente
perejil	1 picada	un poco	un poquito
sal y pimienta	c.s.	c.s.	c.s.

Se lavan cuidadosamente los chipirones al chorro de agua corriente.

Se llevan a la cazuela de barro con el ajo y el aceite, se salan ligeramente, se tapan y cuecen a la máxima intensidad durante 2 minutos. Se destapan, se mojan con el vino blanco y se deja evaporar durante 3 minutos.

Se añade el perejil picado, se rectifica de sal, se añade pimienta, se elimina el ajo y se deja cocer 10 minutos con el recipiente tapado.

Se deja reposar durante 2 minutos y se sirven con rebanadas de pan tostado.

Dorada al cartucho

*

cocción: 5 minutos
reposo: 1 minuto
calorías por persona: unas 200
recipiente aconsejado: papel aceitado

Ingredientes	*para 4 personas*	*para 2 personas*	*para 1 persona*
dorada	800 g	400 g	200 g
aceite extravirgen de oliva	30 g	15 g	7 g
zumo de limón	1 cucharada	½ cucharada	¼ cucharada
ajo	1 diente	½ diente	¼ diente
sal y pimienta	c.s.	c.s.	c.s.

La dorada, limpia y lavada se dispone sobre el papel aceitado.

Se añade el zumo de limón, el ajo con el germen, la sal y la pimienta.

Se cierra el papel, sin apretar en exceso y se cuece a la máxima intensidad durante 5 minutos.

Se da vuelta al cartucho un par de veces, para que la cocción resulte uniforme.

Se deja reposar 1 minuto; se abre el cartucho y se pincela el pescado con su propio jugo, para darle un aspecto brillante.

Se coloca el cartucho en la bandeja y se sirve inmediatamente.

Mero al limón

*

cocción: 3 minutos
reposo: 1 minuto
calorías por persona: unas 180
recipiente aconsejado: bandeja de servicio

Ingredientes	*para 4 personas*	*para 2 personas*	*para 1 persona*
mero a cubitos	400 g	200 g	100 g
aceite extravirgen de oliva	30 g	15 g	7 g
zumo de limón	unas gotas	unas gotas	unas gotas
agua	50 g	25 g	12 g
perejil picado	c.s.	c.s.	c.s.
sal y pimienta negra recién molida	c.s.	c.s.	c.s.

Se colocan los cubitos de pescado en la bandeja de servicio y se rocían con una salsa preparada disolviendo la sal en el zumo de limón y el agua, mezclando bien y añadiendo el aceite y el perejil picado.

Se tapa el pescado con película y se lleva al horno 3 minutos a la máxima intensidad.

Se deja reposar 1 minuto con el recipiente destapado antes de servir.

Sardinas en tartera al romero

*

cocción: 10 minutos
reposo: 2 minutos
calorías por persona: unas 230
recipiente aconsejado: cazuela pequeña

Ingredientes	*para 4 personas*	*para 2 personas*	*para 1 persona*
sardinas	700 g	350 g	175 g
aceite extravirgen de oliva	30 g	15 g	7 g
romero picado	c.s.	c.s.	c.s.
sal y pimienta	c.s.	c.s.	c.s.

Se limpian las sardinas, se abren bien, se desescaman y se les corta la cabeza.

Se colocan en capas, abiertas, en una cazuela ligeramente untada, se distribuye el romero picado y se untan ligeramente los pescados.

Se sala muy ligeramente, se llevan al horno una vez tapadas y se cuecen a intensidad máxima durante 10 minutos.

Se destapan y se dejan reposar durante 2 minutos. Se sirven las sardinas tibias.

Sepias en salsa

*

cocción: 15 minutos
reposo: 2 minutos
calorías por persona: unas 150
recipiente aconsejado: cazuela de barro

Ingredientes	*para 4 personas*	*para 2 personas*	*para 1 persona*
sepias cortadas en aros	800 g	400 g	200 g
aceite extravirgen de oliva	25 g	12 g	6 g
ajo	1 diente	½ diente	¼ diente
puré de tomate	200 g	100 g	50 g
sal y pimienta	c.s.	c.s.	c.s.

Se lavan las sepias al chorro de agua y se disponen en una cazuela de barro con el aceite y el ajo; se cuecen tapadas, a intensidad máxima, durante 5 minutos.

Se añade el puré de tomate, se tapa y se acaba la cocción, a intensidad inferior durante 10 minutos.

Se dejan reposar 2 minutos y se sirven con rebanadas de pan tostado.

Pinchitos de atún

*

cocción: 4 minutos
reposo: 2 minutos
calorías por persona: unas 220
recipiente aconsejado: bandeja de servicio

Ingredientes	*para 4 personas*	*para 2 personas*	*para 1 persona*
atún	500 g	250 g	125 g
laurel	4 hojas	2 hojas	1 hoja
aceite extravirgen de oliva	30 g	15 g	7 g
sal y pimienta	c.s.	c.s.	c.s.

Se corta el atún a cubos grandes y se clavan en pinchitos de madera alternándolos con las hojas de laurel; se ha de tener cuidado de no prensarlos, para evitar que se aplasten los pedazos del pescado.

Se colocan los pinchitos en una bandeja de servicio, se tapan con película transparente y se cuecen en el horno de microondas, a la máxima intensidad, durante 4 minutos.

Se separa la película, se salpimentan, se rocían con el aceite y se dejan en el horno 2 minutos antes de servirlos.

Esturión a la pimienta rosa y la ruca

*

cocción: 1 minuto
reposo: 1 minuto
calorías por persona: unas 200
recipiente aconsejado: plato de servicio

Ingredientes	*para 4 personas*	*para 2 personas*	*para 1 persona*
esturión cortado a tajadas muy finas	600 g	300 g	150 g
ruca	1 ramito	un poco	un poquito
aceite extravirgen de oliva	2 cucharadas	1 cucharada	½ cucharada
pimienta rosa	c.s.	c.s.	c.s.
sal	c.s.	c.s.	c.s.

Se colocan las tajaditas de esturión en una bandeja de servicio, sin superponerlas.

Se untan ligeramente y se espolvorean con pimienta rosa.

Se recubren los bordes de la bandeja, para lograr una cocción más uniforme y se cuece a máxima intensidad durante 1 minuto.

Se deja reposar 1 minuto y se salpimenta.

Se recubre con la ruca bien lavada y cortada a tiritas. Se sirve.

Sopa de mariscos al estragón

**

cocción: 15 minutos
reposo: 3 minutos
calorías por persona: unas 150
recipiente aconsejado: cazuela de barro

Ingredientes	*para 4 personas*	*para 2 personas*	*para 1 persona*
mariscos variados (almejas, mejillones, dátiles, etc.)	1 kg	500 g	250 g
vino blanco seco	50 g	25 g	una salpicadura
aceite extravirgen de oliva	20 g	10 g	5 g
ajo	1 diente	½ diente	¼ diente
estragón	1 picada	1 picada	1 picada

Se rascan cuidadosamente los mariscos y se lavan al chorro del agua corriente, dejándolos casi 1 hora en un baño de agua salada para que pierdan la arena.

Se llevan a la cazuela de barro con el aceite y el ajo y se dejan cocer a máxima intensidad hasta que se abran (unos 4 minutos).

Se eliminan los mariscos que no se hayan abierto, se añade el vino blanco y se cuecen durante 2 minutos con la cazuela destapada, mezclando de vez en cuando para que se evapore el vino.

Se salpimenta, se tapa y se continúa la cocción durante 9 minutos.

Se deja reposar durante 3 minutos con el recipiente destapado para que se condense el caldo y se sirve, espolvoreando con estragón picado.

Sopa de pescado

**
cocción: 17 minutos
reposo: 2-3 minutos
calorías por persona: unas 600
recipiente aconsejado: cazuela de barro

Ingredientes	*para 4 personas*	*para 2 personas*	*para 1 persona*
pescado variado	900 g	450 g	225 g
pescado de roca variado	500 g	250 g	125 g
calamares y sepias	150 g	75 g	40 g
gambas	6	3	1 y ½
pulpa de tomate	150 g	75 g	40 g
vino blanco seco	una sapicadura	una salpicadura	una salpicadura
cebolla	1	½	¼
zanahoria	1	½	¼
apio	1 tallo	½ tallo	¼ tallo
laurel	1 hoja	½ hoja	¼ hoja
ajo	1 diente	½ diente	¼ diente
aceite extravirgen de oliva	40 g	20 g	10 g
pan de molde	8 rebanadas	4 rebanadas	2 rebanadas
sal y pimienta	c.s.	c.s.	c.s.

En principio se ha de preparar el caldo de pescado llevando a una cazuela todas las verduras, salvo la pulpa del tomate y añadiendo las cabezas y las espinas de los pescados limpios y la salpicadura de vino blanco.

Se cuece destapado, a la máxima intensidad, durante 5 minutos.

En otra cazuela de barro se disponen las sepias y los calamares, cortados a pedacitos, el ajo, libre del germen central y el aceite; se mezcla, para darle sabor y se cuecen en recipiente tapado durante 2 minutos, a la intensidad máxima; se destapa y se añaden los restantes pescados, la pulpa de los tomates partida y muy poca sal.

Se añade a la cazuela el caldo filtrado, se tapa y se deja cocer durante 10 minutos, dando vuelta de vez en cuando al recipiente.

Se destapa, se añaden las gambas y se deja reposar 2-3 minutos.

Se sirve guarnecida con las rebanadas de pan tostado.

CARNES

Cordero lechal al romero

**
cocción: 5 minutos
reposo: 1 minuto
calorías por persona: unas 250
recipiente aconsejado: tartera de pirex

Ingredientes	*para 4 personas*	*para 2 personas*	*para 1 persona*
cordero lechal	800 g	400 g	200 g
aceite extravirgen de oliva	40 g	20 g	10 g
romero	c.s.	c.s.	c.s.
sal y pimienta	c.s.	c.s.	c.s.

En un tazón se bate cuidadosamente el aceite con el romero picado muy fino.

Se sala ligeramente y se sazona con abundante pimienta negra recién molida.

Se lleva el cordero cortado a pedazos a una tartera de pirex, de bordes bastante bajos y se cubre con el compuesto preparado.

Se tapa con papel vegetal agujereado y se cuece en el horno de microondas durante 5 minutos.

Pasado este tiempo se destapa, se da vuelta a los trozos de cordero en su propio jugo, se rectifica de sal y, eventualmente, se añade pimienta.

Se deja 1 minuto en reposo en el horno apagado y se sirve.

Asado al limón

*** **cocción: 33 minutos**
calorías por persona: unas 220
recipiente aconsejado: plato-grill y una bandeja de pirex

Ingredientes	*para 4 personas*	*para 2 personas*	*para 1 persona*
cadera de ternera	700 g	350 g	175 g
bacon	80 g	40 g	20 g
cebolla	1	½	¼
vino de Oporto	100 g	50 g	25 g
limón (zumo)	1	½	¼
aceite	3 cucharadas	1 cucharada	1 cucharadita
salvia y laurel	c.s.	c.s.	c.s.
para la salsa:			
harina	1 cucharada	½ cucharada	1 cucharadita
paprika dulce	1 cucharada	½ cucharada	1 cucharadita
fondo de asado	120 g	60 g	30 g
caldo de carne	250 g	125 g	60 g

Se envuelve la carne en el bacon y se deja en adobo algunas horas con el aceite, el zumo de limón, el vino, la cebolla partida, la salvia y el laurel, sal y pimienta.

Se escurre y se coloca en el grill, calentado 4 minutos, al máximo.

Se cuece la carne en el horno, a intensidad máxima durante 25 minutos.

Se deja enfriar y se prepara la salsa batiendo todos los ingredientes indicados y añadiendo el fondo de cocción del asado.

Se corta la carne, se dispone en tajadas en una bandeja de pirex, se tapa con película y se calienta en el horno durante 4 minutos.

Se sirve recubriendo la carne con la salsa preparada.

Cabrito a la salvia

**

cocción: 20 minutos
reposo: 3 minutos
calorías por persona: unas 300
recipiente aconsejado: cazuela pirex

Ingredientes	*para 4 personas*	*para 2 personas*	*para 1 persona*
pierna de cabrito	800 g	400 g	200 g
aceite extravirgen de oliva	40 g	20 g	10 g
salvia	c.s.	c.s.	c.s.
sal y pimienta	c.s.	c.s.	c.s.

En un tazón se baten bien el aceite con la salvia finamente picada, un poco de sal y abundante pimienta negra recién molida. Se dispone la pierna de cabrito en un recipiente de pirex, de bordes bajos, y se recubre con el preparado anterior. Se cuece durante 20 minutos en el horno de microondas, habiendo tapado el recipiente previamente con papel vegetal o película agujereada.

Pasado ese tiempo, se destapa y se da vuelta a la pierna en su propio jugo; eventualmente se rectifica de sal y pimienta. Durante la cocción se ha de colocar la parte más gruesa de la pierna cercana al borde del recipiente, para que la cocción resulte uniforme. Se deja reposar 3 minutos y se sirve.

Col fermentada

***

cocción: 24 minutos
calorías por persona: unas 250
recipiente aconsejado: cazuela de barro

Ingredientes	*para 4 personas*	*para 2 personas*	*para 1 persona*
lomo de cerdo deshuesado	600 g	300 g	150 g
bacon	300 g	150 g	75 g
col fermentada al vino	500 g	250 g	125 g
paprika	c.s.	c.s.	c.s.
caldo de buey	500 g	250 g	125 g
nata ácida	100 g	50 g	25 g
patata	1 grande rallada cruda		
cebolla	2	1	½
aceite	c.s.	c.s.	c.s.
sal y pimienta	c.s.	c.s.	c.s.

Se corta la cebolla a filetes y se cuece en cazuela de barro con un poco de aceite de oliva y caldo durante unos 3 minutos.

Se añade la carne de cerdo cortada a dados, el bacon a lonjas gruesas, sal, pimienta y la paprika.

Se tapa y cuece durante unos 15 minutos.

Entretanto se mezcla la col fermentada con la nata ácida, el caldo remanente y la patata rallada.

Se echa este preparado sobre la carne, se mezcla, se tapa y se mantiene la cocción otros 6 minutos.

Se sirve la col muy caliente, con rebanadas de pan negro.

Conejo al orégano

cocción: 15 minutos
reposo: 4 minutos
* **calorías por persona: unas 180**
recipiente aconsejado: tartera de pirex

Ingredientes	*para 4 personas*	*para 2 personas*	*para 1 persona*
conejo	800 g	400 g	100 g
nata	100 g	50 g	25 g
orégano	1 cucharada	½ cucharada	1 cucharadita
tomate	1 cucharada	½ cucharada	1 cucharadita
sal y pimienta	c.s.	c.s.	c.s.

Se dispone el conejo, cortado a pedazos en un recipiente de pirex no excesivamente grande y de bordes bajos y se cuece, tapado, durante 10 minutos.

Se añade al conejo la nata, en la que se ha disuelto el concentrado de tomate y el orégano y se continúa la cocción, en recipiente tapado durante otros 5 minutos.

Se deja reposar 4 minutos y se sirve.

Conejo a la mostaza

*

cocción: 15 minutos
reposo: 4 minutos
calorías por persona: unas 180
recipicntc aconsejado: cazuela de barro

Ingredientes	*para 4 personas*	*para 2 personas*	*para 1 persona*
conejo	800 g	400 g	200 g
nata	100 g	50 g	25 g
mostaza	1 cucharada	½ cucharada	1 cucharadita
sal y pimienta	c.s.	c.s.	c.s.

Se corta el conejo a pedazos, se lava y se seca. Se dispone en una cazuela de barro, no excesivamente grande y con paredes bajas. Se salpimenta. Se tapa con película transparente y se cuece en el horno durante 10 minutos.

Se disuelve la mostaza en medio vaso de agua y se añade al conejo.

Se continúa la cocción 5 minutos, con recipiente tapado.

Se añade la nata, se deja reposar 4 minutos y se sirve.

Pierna de cordero al estragón

*

cocción: 20 minutos
reposo: 3 minutos
calorías por persona: unas 200
recipiente aconsejado: cazuela de pirex

Ingredientes	*para 4 personas*	*para 2 personas*	*para 1 persona*
pierna de cordero	800 g	400 g	200 g
aceite extravirgen de oliva	40 g	20 g	10 g
estragón	c.s.	c.s.	c.s.
sal y pimienta	c.s.	c.s.	c.s.

En un tazón se bate cuidadosamente el aceite con el estragón finamente picado, se sala ligeramente y se añade abundante pimienta recién molida.

Se distribuye este preparado sobre la pierna de cordero, que se coloca en un recipiente de pirex de bordes bajos.

Se cuece en el horno de microondas durante 20 minutos tras haber tapado el recipiente con papel vegetal.

Pasado este tiempo se destapa, se da vuelta a la carne en su jugo, se rectifica de sal y, eventualmente, se añade más pimienta.

Se deja reposar 3 minutos en el horno y se sirve.

Faisán a la crema

*

cocción: 10 minutos
reposo: 2 minutos
calorías por persona: unas 180
recipiente aconsejado: cazuela de barro

Ingredientes	*para 4 personas*	*para 2 personas*	*para 1 persona*
faisán	800 g	400 g	200 g
nata	100 g	50 g	25 g
cebolla	1	½	¼
sal y pimienta	c.s.	c.s.	c.s.

Se corta el faisán a pedazos y se disponen en un recipiente de barro no demasiado grande y con las paredes bajas; se añade la cebolla cortada, se salpimenta y, después de haberlo tapado con película transparente se cuece en el horno durante 10 minutos.

Se añade la nata y se deja reposar con el horno apagado durante 2 minutos. Pasado ese tiempo se pasa el jugo por la batidora.

Se sirve el faisán muy caliente, recubierto por la salsa de nata.

Pintada a la francesa

cocción: 10 minutos
reposo: 3 minutos
** **calorías por persona: unas 230**
recipiente aconsejado: bandeja

Ingredientes	*para 4 personas*	*para 2 personas*	*para 1 persona*
pintada	1 a pedazos	½ a pedazos	¼ a pedazos
aceite extravirgen de oliva	40 g	20 g	10 g
huevo	1	½	¼
ajo	1 diente	½ diente	¼ diente
limón (zumo)	1	½	¼
perejil	1 cucharada	un poco	un poco
sal	c.s.	c.s.	c.s.

En un tazón se emulsiona el aceite con el zumo de limón y el ajo partido a pedacitos; se sala ligeramente.

Se dispone la pintada en ese adobo y se deja, aproximadamente, durante 1 hora, se escurre la carne y se coloca en una fuente.

Se cuece en el horno de microondas durante unos 10 minutos, se añade el huevo batido y ligeramente salado, al que se ha añadido el perejil picado.

Se deja reposar 3 minutos y se sirve.

Filete a las hierbas

*

cocción: 6 minutos
reposo: 2 minutos
calorías por persona: unas 250
recipiente aconsejado: plato-grill

Ingredientes	*para 4 personas*	*para 2 personas*	*para 1 persona*
filete	600 g	300 g	150 g
aceite extravirgen de oliva	25 g	12 g	6 g
hierbas	1 picado	c.s.	c.s.
sal y pimienta	c.s.	c.s.	c.s.

Se calienta previamente el plato-grill durante 5-6 minutos, se pone en él el filete y se cuece, sin pincharlo, dándole vuelta con una espátula, durante 3 minutos por cada lado.

Se deja reposar 2 minutos y, entretanto, se prepara la salsa de hierbas: se bate el aceite con una cucharadita de agua y las hierbas aromáticas lavadas y secas.

Se saca la carne del horno y se corta a lonjas muy finas; se recubre con la salsa de hierbas. Se salpimenta al gusto.

Filete de ternera

*

cocción: 6 minutos
reposo: 2 minutos
calorías por persona: unas 170
recipiente aconsejado: plato-grill

Ingredientes	*para 4 personas*	*para 2 personas*	*para 1 persona*
filete de ternera	600 g	300 g	150 g
aceite extravirgen de oliva	30 g	15 g	7 g
escalonia	1	½	¼
sal y pimienta	c.s.	c.s.	c.s.

Se calienta el plato-grill y se cuece el filete de ternera por espacio de 6 minutos.

A mitad de cocción se le da vuelta con una espátula, sin pincharlo.

Se deja reposar la carne en el horno apagado durante otros 2 minutos. Se prepara la salsa de escalonia: basta batir el aceite con una cucharadita de agua y la escalonia.

Se corta la carne en finas lonjas y se dispone en una bandeja; se recubre con la salsa de escalonia, se sala y, si gusta, se añade pimienta. Se sirve a continuación.

Hamburguesas

cocción: 4 minutos
reposo: 1 minuto
* **calorías por persona: unas 200**
recipiente aconsejado: una bandeja

Ingredientes	*para 4 personas*	*para 2 personas*	*para 1 persona*
hamburguesas de buey magro picado	4	2	1
aceite extravirgen de oliva	20 g	10 g	5 g
sal y pimienta	c.s.	c.s.	c.s.

Se disponen las hamburguesas en una bandeja plana y se cuecen en el horno de microondas durante 4 minutos; a mitad de cocción se les da vuelta con una espátula. Se salpimentan.

Se dejan reposar 1 minuto, se sazonan las hamburguesas con aceite crudo y, si se desea proporcionarles más sabor, se añade un picadillo de romero y ajo.

Rollitos de cerdo a la piña

**

cocción: 12 minutos
reposo: 2 minutos
calorías por persona: unas 230
recipiente aconsejado: bandeja de pirex

Ingredientes	*para 4 personas*	*para 2 personas*	*para 1 persona*
lomo de cerdo en lonjas	200 g	100 g	50 g
piña fresca	2 rodajas	1 rodaja	½ rodaja
mantequilla	50 g	25 g	12 g
vino blanco seco	un poquito	un poquito	un poquito
sal y pimienta	c.s.	c.s.	c.s.

Se aplastan ligeramente las lonjas de lomo.

Se dispone la piña en cubitos sobre cada una de las lonjas de cerdo, se enrollan procurando que la piña quede totalmente tapada. Se ata cada rollito con un bramante fino.

Se llevan los rollitos a una bandeja de pirex, ligeramente untada con mantequilla, de una medida conveniente.

Se dejan cocer durante 10 minutos; se rocían con el vino blanco y se mantiene la cocción durante otros 2 minutos.

Se salpimenta, se deja en reposo 2 minutos y se sirve.

Rollitos de ternera a la salvia

*

cocción: 12 minutos
reposo: 2 minutos
calorías por persona: unas 200
recipiente aconsejado: bandeja de pirex

Ingredientes	*para 4 personas*	*para 2 personas*	*para 1 persona*
babilla de ternera a lonjas	300 g	150 g	75 g
jamón cocido	100 g	50 g	25 g
salvia	unas hojitas	2 hojitas	1 hojita
vino blanco seco	un poquito	un poquito	un poquito
sal y pimienta	c.s.	c.s.	c.s.

Se aplastan ligeramente los cortes de ternera. Sobre cada uno de ellos se dispone una lonja de jamón y una hojita de salvia.

Se enrolla la carne y se ata con una cuerdecita de cocina.

Se llevan los rollitos a una bandeja de pirex ligeramente untada con mantequilla, que los contenga a su medida y se tapan con película.

Se cuecen en el horno de microondas durante 10 minutos, se mojan con el vino blanco y se continúa la cocción 2 minutos con el recipiente destapado.

Se salan y, si gusta, se espolvorean con pimienta; se dejan reposar durante dos minutos y se sirven.

Lomo de cerdo a la naranja

*

cocción: 3 minutos
reposo: 3 minutos
calorías por persona: unas 150
recipiente aconsejado: bandeja de pirex

Ingredientes	*para 4 personas*	*para 2 personas*	*para 1 persona*
lomo de cerdo a pedacitos	350 g	175 g	85 g
aceite extravirgen de oliva	40 g	20 g	10 g
ajo	1 diente	½ diente	¼ diente
naranja	½ exprimida	¼ exprimida	unas gotas
perejil	1 cucharadita	un poco	un poco
sal	c.s.	c.s.	c.s.

En un tazón se emulsiona con un tenedor el aceite con el zumo de naranja y el ajo, al que se habrá suprimido el germen y cortado a pedacitos muy finos. Se sala poquísimo.

Se deja en adobo, por lo menos durante una hora el cerdo en esa emulsión.

Se escurre la carne y se dispone en la bandeja.

Se cuece al horno durante 3 minutos; se deja reposar en el horno apagado durante otros 3 minutos y se sirve espolvoreando con perejil picado.

Añojo a la berza

**

cocción: 2 minutos
reposo: 1 minuto
calorías por persona: unas 150
recipiente aconsejado: bandeja de pirex

Ingredientes	*para 4 personas*	*para 2 personas*	*para 1 persona*
añojo cortado muy fino	300 g	150 g	75 g
aceite extravirgen de oliva	10 g	5 g	poquísimo
berza	5-6 hojas	3 hojas	1 hoja y ½
perejil	1 picada	1 picada	1 picada
sal y pimienta	c.s.	c.s.	c.s.

Se unta ligeramente una bandeja de pirex y se forra con las hojas de berza que se habrán hervido previamente unos minutos.

Se recubren con los pedacitos de carne.

Se sala ligeramente, se añade el perejil picado con el aceite que ha sobrado y, si gusta, pimienta.

Se tapa con película transparente agujereada y se cuece, a intensidad media durante 2 minutos.

Se deja reposar 1 minuto, se separa la película y se sirve.

Cerdo al brandy

*** **cocción: 28 minutos**
calorías por persona: unas 150
recipiente aconsejado: plato-grill

Ingredientes	*para 4 personas*	*para 2 personas*	*para 1 persona*
lomo de cerdo	600 g	300 g	150 g
escalonia	1	½	¼
mantequilla	50 g	25 g	15 g
vino de Oporto	½ vaso	¼ vaso	½ tacita
ron	½ vaso	¼ vaso	½ tacita
brandy	½ vaso	¼ vaso	½ tacita
pimienta de Cayena	c.s.	c.s.	c.s.
sal	c.s.	c.s.	c.s.
albahaca, tomillo, laurel, romero, ajedrea	c.s.	c.s.	c.s.

Se sala el lomo de cerdo y se recubre con pimienta de Cayena. Se lleva la escalonia al agua y se ablanda, sin que tome color; se deja enfriar y se pasa por la batidora.

Se coloca la carne en el plato-grill precalentado, se moja con el Oporto y se cubre con la escalonia. Se deja cocer durante 25 minutos a intensidad máxima, mojando de cuando en cuando con el líquido de cocción. Cuando la carne esté cocida, se corta y se vuelve a montar.

Se calienta el plato-grill y se esparcen sobre él las hierbas; se coloca encima el cerdo y se deja cocer tres minutos. Se moja con el líquido de cocción diluido con el ron y el brandy calientes.

En salsera aparte se sirve el fondo de cocción restante.

Buey a la provenzal

******

cocción: 20 minutos
reposo: 3 minutos
calorías por persona: unas 200
recipiente aconsejado: cazuela de pirex

Ingredientes	*para 4 personas*	*para 2 personas*	*para 1 persona*
carne de buey en cubos	600 g	300 g	150 g
puré de tomate	100 g	50 g	25 g
patatas	2	1	½
vino blanco seco	una sapicadura	una sapicadura	una salpicadura
aceite extravirgen de oliva	30 g	15 g	7 g
sal y pimienta	c.s.	c.s.	c.s.

Se llevan a una cazuela de pirex el aceite y el puré de tomate y se cuecen en el horno de microondas durante 2 minutos; se añade la carne de buey a cubos y se mantiene la cocción durante otros 2 minutos.

Se añaden las patatas lavadas, peladas y cortadas a rodajas no muy gruesas, manteniendo el recipiente tapado hasta que finalice la cocción que tendrá lugar, aproximadamente, tras unos 13 minutos.

Se destapa, se salpica con el vino blanco y se deja evaporar con el recipiente destapado durante 3 minutos. Se deja reposar otros 3 minutos. Se salpimenta antes de servir.

Pequeñas marmitas

**

cocción: 115 minutos
calorías por persona: unas 200
recipiente aconsejado: cazuela de pirex

Ingredientes	*para 4 personas*	*para 2 personas*	*para 1 persona*
carne magra de buey	400 g	200 g	100 g
carne de ternera	400 g	200 g	100 g
gallina a pedazos	½	¼	1/8
cerdo	400 g	200 g	100 g
embutido de cerdo	1 mediano	½	¼
bacon en un solo corte	75 g	35 g	17 g
cubitos de caldo	3	1 y ½	¼
cebolla, con 3 clavos de especia	1	½	¼
zanahoria	1	½	¼
tallos de apio	2	1	½
laurel	1 hoja	½ hoja	¼ hoja
perejil	c.s.	c.s.	c.s.
pimienta en grano	c.s.	c.s.	c.s.
ajo	1 diente	½ diente	¼ diente
agua	c.s.	c.s.	c.s.

Se dispone en una cazuela de pirex de bordes altos, el conjunto de las carnes (buey, ternera y cerdo) con los cubitos y los aromas para el caldo. Se cuece en el horno de microondas durante 40 minutos.

Se añade la gallina, cortada en 3 pedazos y se deja cocer otros 15 minutos. Se aparta del horno.

Aparte se cuece, en poca agua embutido de cerdo bien agujereado y, tambien aparte, el bacon, en una sola pieza, durante 15 minutos.

Se dejan reposar las carnes. Si se desea, en este tiempo se pueden cocer 2 cebollas, 3 puerros, 4 zanahorias, 3 nabos, ¼ de berza y un hinojo, que servirán como guarnición. Se necesitan 20 minutos en recipiente tapado.

Se cuecen también 6 patatas durante 10 minutos, después de haberles agujereado la piel.

Para servir el plato, se reúnen las carnes, cortadas a pedazos grandes en una fuente grande y honda y se rodean de la verdura y las patatas.

La pequeña marmita puede acompañarse con mostaza, salsa ketchup, salsa verde, rebanadas de pan tostado, restregadas con ajo.

Pechuga de pollo a la crema de limón

*

cocción: 5 minutos
reposo: 3 minutos
calorías por persona: unas 280
recipiente aconsejado: bandeja

Ingredientes	*para 4 personas*	*para 2 personas*	*para 1 persona*
pechugas de pollo	350 g	175 g	90 g
aceite extravirgen de oliva	40 g	20 g	10 g
huevo	1	½	¼
ajo	1 diente	½ diente	¼ diente
limón	1 exprimido	½ exprimido	¼ exprimido
perejil	c.s.	c.s.	c.s.
sal	c.s.	c.s.	c.s.

En un tazón se emulsionan el aceite con el zumo de limón y el ajo cortado a pedacitos; se sala ligeramente. Se deja la pechuga, cortada a tiritas, en adobo en esta emulsión, durante una hora aproximadamente.

Se escurre la carne y se lleva a una bandeja.

Se cuece 5 minutos en el horno de microondas.

Pasado ese tiempo se añade el huevo batido, ligeramente salado, al que se habrá añadido el perejil.

Se deja reposar 3 minutos y se sirve.

Pechuga de pollo a la ruca

*

cocción: 3 minutos
reposo: 1 minuto
calorías por persona: unas 200
recipiente aconsejado: bandeja de pirex

Ingredientes	*para 4 personas*	*para 2 personas*	*para 1 persona*
pechuga de pollo cortada fina	400 g	200 g	100 g
aceite extravirgen de oliva	30 g	15 g	7 g
hojas de ruca	6	3	2
sal y pimienta	c.s.	c.s.	c.s.

Se unta ligeramente una bandeja de pirex, se forra con las hojas de ruca lavadas y secas.

Se disponen sobre la ruca las tiritas de pollo, se sala ligeramente, se espolvorea con pimienta, si agrada, y se riega con el resto del aceite.

Se tapa con película agujereada y se cuece en el horno, a intensidad media, durante 3 minutos.

Se deja reposar 1 minuto, se elimina la película y se sirve.

Picada de ternera al huevo

**

cocción: 3 minutos
reposo: 1 minuto
calorías por persona: unas 220
recipiente aconsejado: bandeja

Ingredientes	*para 4 personas*	*para 2 personas*	*para 1 persona*
culata de ternera a lonjitas	350 g	175 g	80 g
aceite extravirgen de oliva	40 g	20 g	10 g
huevo	1	½	¼
limón	1 exprimido	½ exprimido	¼ exprimido
ajo	1 diente	½ diente	¼ diente
perejil picado	c.s.	c.s.	c.s.
sal	c.s.	c.s.	c.s.

En una terrina se emulsiona el aceite con el zumo de limón y el ajo cortado; se sala ligeramente.

Se ponen en adobo las lonjitas de ternera en esta emulsión, durante 1 hora, aproximadamente, después se escurren y llevan a una bandeja.

Se cuecen durante 3 minutos en el horno microondas; se vierte por encima el huevo batido con un poco de sal y el perejil picado.

Se cuece durante 30 segundos a intensidad máxima, se deja reposar 1 minuto y se sirve inmediatamente.

Pollo a las hierbas

*

cocción: 10 minutos
reposo: 2 minutos
calorías por persona: unas 270
recipiente aconsejado: bandeja de servicio

Ingredientes	*para 4 personas*	*para 2 personas*	*para 1 persona*
pollo	1 kg	500 g	250 g
salvia, romero, laurel	30 g	15 g	7 g
aceite extravirgen de oliva	1 cucharada	½ cucharada	1 cucharadita
sal	c.s.	c.s.	c.s.

Se limpian con cuidado las hierbas y se pican ligeramente.

Se corta el pollo a pedazos y se dispone en la bandeja. Se echan por encima las hierbas mezcladas y se rocía con un chorrito de aceite; los pedazos de mayor tamaño deben quedar hacia el exterior. Se cuece en el horno, a máxima intensidad, durante 3 minutos; se da vuelta a los pedazos y se prosigue la cocción 3 minutos más.

Se sala ligeramente y se tapa con película.

Se mantiene la cocción 4 minutos más; se deja reposar 2 minutos y se sirve.

Pollo asado

*

cocción: 20 minutos
reposo: 2 minutos
calorías por persona: unas 200
recipiente aconsejado: bandeja

Ingredientes	*para 4 personas*	*para 2 personas*	*para 1 persona*
pollo	1 kg	500 g	250 g
romero	c.s.	c.s.	c.s.
aceite extravirgen de oliva	1 cucharadita	½ cucharadita	¼ cucharadita
sal	c.s.	c.s.	c.s.

Se lleva el pollo entero y limpio a una bandeja, tapando las partes más prominentes con papel de aluminio (que habrá de suprimirse a media cocción.

Se recubre con el romero picado y se unta ligeramente.

Se cuece a la máxima intensidad durante 5 minutos, se da vuelta al pollo y se cuece durante otros 5 minutos, siempre a la misma intensidad.

Se sala ligeramente, se tapa con película transparente y se deja que persista la cocción 10 minutos más.

Se deja reposar 2 minutos, se elimina la película y se sirve.

Codornices a las hierbas

*

cocción: 10 minutos
reposo: 2 minutos
calorías por persona: unas 280
recipiente aconsejado: bandeja

Ingredientes	*para 4 personas*	*para 2 personas*	*para 1 persona*
codornices	8	4	2
hierbas aromáticas (romero, ajedrea, mejorana, estragón, salvia, albahaca, perejil)	50 g	25 g	12 g
mantequilla	30 g	15 g	7 g
sal	c.s.	c.s.	c.s.

Se lavan y limpian las hierbas y se pican finamente; se trabajan con parte de la mantequilla.

Se pone un poco de esta mantequilla con hierbas en el interior de cada cordorniz, ya preparada para la cocción, y se cose la apertura. Se untan las codornices con la restante mantequilla y se llevan a una bandeja que se tapa con película transparente.

Se cuecen al microondas durante 5 minutos, se elimina la película, se sala ligeramente y se acaba la cocción, prolongándola otros 5 minutos.

Se dejan reposar en el horno apagado durante 2 minutos y se sirven.

Roast-beef a la inglesa

* **cocción: 5 minutos**
reposo: 5 minutos
calorías por persona: unas 180
recipiente aconsejado: plato-grill

Ingredientes	*para 4 personas*	*para 2 personas*	*para 1 persona*
lomo de buey bien macerado	600 g	300 g	150 g
aceite	2 cucharadas	1 cucharada	½ cucharada
ajo aplastado	1 diente	½ diente	¼ diente
romero	1 ramita	un poco	un poquito
sal fina	c.s.	c.s.	c.s.
pimienta	c.s.	c.s.	c.s.

Se llevan al microondas, durante 1 minuto, un poco de aceite con el ajo y el romero.

Se unta la carne con el aceite aromatizado, la sal y la pimienta; se deja en reposo durante 1 hora.

Se calienta el plato-grill, se deposita en él la carne y se cuece a la máxima intensidad durante 4 minutos; se le da vuelta varias veces para que tenga un color homogéneo. Cuando haya acabado la cocción se deja reposar la carne por lo menos 5 minutos antes de servirla cortada a lonjas.

Si se prefiere que la parte interna del roast-beef no sea rosada, basta aumentar algunos minutos el tiempo de cocción.

Salchicha al romero

*

cocción: 4 minutos
calorías por persona: unas 250
recipiente aconsejado: plato-grill

Ingredientes	*para 4 personas*	*para 2 personas*	*para 1 persona*
salchicha fresca	700 g	350 g	175 g
romero	1 ramita	un poco	1 poquito

Se corta la salchicha a pedazos de unos 20 cm.

Se enrolla cada pedazo sobre sí mismo en espiral y se clava en un pinchito de madera, bastante largo.

Se calienta el plato grill a la máxima intensidad durante 4 minutos, se colocan encima las espirales de salchicha, se esparce por encima el romero y se cuecen a intensidad máxima 4 minutos.

Cadera de buey a las nueces

*

cocción: 1 minuto
reposo: 1 minuto
calorías por persona: unas 200
recipiente aconsejado: plato de servicio

Ingredientes	*para 4 personas*	*para 2 personas*	*para 1 persona*
cadera de buey	200 g	100 g	50 g
nueces	1 cucharada	unas pocas	unas poquitas
aceite extravirgen de oliva	2 cucharadas	1 cucharada	½ cucharada
romero	un picado	un poco	un poquito
aceitunas negras	8	4	2
sal y pimienta	c.s.	c.s.	.c.s

Se disponen las tajaditas de cadera sobre una bandeja de servicio sin superponerlas.

Se untan ligeramente los pedacitos de carne y se espolvorean con romero picado.

Se cuecen a intensidad máxima 1 minuto y se dejan reposar otro minuto.

Se sirve la carne, sazonada de sal, pimienta y adornada con las nueces y las aceitunas en filetes.

Pavo a la crema de pimientos

cocción: 15 minutos
reposo: 3 minutos
** **calorías por persona: unas 200**
recipiente aconsejado: cazuela de barro

Ingredientes	*para 4 personas*	*para 2 personas*	*para 1 persona*
pavo deshuesado	400 g	200 g	100 g
pimientos amarillos	200 g	100 g	50 g
leche	200 g	100 g	50 g
mantequilla	20 g	10 g	5 g
ajo	1 diente	½ diente	¼ diente
sal	c.s.	c.s.	c.s.

Se llevan a una cazuela de barro el pavo, cortado a cubitos, el ajo sin el germen y la mantequilla. Se cuece en el horno de microondas durante 2 minutos.

Entretanto se lavan los pimientos y se cortan en pedazos no demasiado grandes.

Se une la carne a los pedacitos de pimiento, se sala ligeramente y se cuece, durante 3 minutos, con el recipiente destapado.

Se aparta la carne de la cazuela en cuanto ha transcurrido ese tiempo y se añade la leche; se bate el fondo de cocción hasta obtener una crema homogénea.

Se vuelve el pavo al recipiente con la crema de pimiento, se tapa y se deja reposar 3 minutos.

Se rectifica de sal y, eventualmente, se añade pimienta antes de servir.

Pavo al romero

*

cocción: 15 minutos
reposo: 3 minutos
calorías por persona: unas 300
recipiente aconsejado: cazuela pirex

Ingredientes	*para 4 personas*	*para 2 personas*	*para 1 persona*
pavo	1 muslo	½ muslo	¼ muslo
aceite extravirgen de oliva	40 g	20 g	10 g
romero	1 ramito picado	c.s.	c.s.

En un tazón se bate el aceite con el romero finamente picado, se emulsiona con cuidado, se bate ligeramente y se añade abundante pimienta negra recién molida.

Con el aceite así preparado se unta el muslo del pavo y se lleva a una cazuela de pirex de bordes bajos.

Se tapa el recipiente con película agujereada o papel vegetal.

Se cuece durante 15 minutos en el horno de microondas.

Pasado ese tiempo se destapa, se da vuelta al muslo en su jugo, se rectifica de sal y pimienta y se deja reposar 3 minutos antes de servirlo.

Ternera al limón

cocción: 4 minutos
reposo: 2 minutos
** **calorías por persona: unas 200**
recipiente aconsejado: bandeja de pirex

Ingredientes	*para 4 personas*	*para 2 personas*	*para 1 persona*
cortes de cadera de ternera	350 g	175 g	85 g
aceite extravirgen de oliva	30 g	15 g	7 g
perejil	una picada	una picada	una picada
orégano	c.s.	c.s.	c.s.
romero	1 ramita	un poco	un poquito
mejorana	c.s.	c.s.	c.s.
salvia	2 hojas	1 hoja	½ hoja
limón	½ exprimido	¼ exprimido	unas gotas
sal y pimienta	c.s.	c.s.	c.s.

Se baten todas las hierbas con el aceite, el zumo de limón y, si agrada, pimienta.

Se cortan las lonjitas de la cadera de ternera a tiritas, se llevan a una bandeja bastante grande y se vierte la salsa por encima.

Se tapa con una película y se cuece a máxima intensidad durante 4 minutos.

Se aparta la película, se rocía la carne con su propio jugo y se sirve inmediatamente.

Ternera de invierno

**

cocción: 8 minutos
reposo: 3 minutos
calorías por persona: unas 200
recipiente aconsejado: cazuela de pirex

Ingredientes	*para 4 personas*	*para 2 personas*	*para 1 persona*
cadera de ternera en lonjitas	400 g	200 g	100 g
alcachofas	400 g	200 g	100 g
cebollitas	100 g	50 g	25 g
nata fresca	100 g	50 g	25 g
setas secas	20 g	10 g	5 g
yemas	2	1	½
sal	c.s.	c.s.	c.s.

Ablándense las setas secas en agua fría, durante unos 10 minutos; a continuación se escurren y pican.

Se limpian las alcachofas y se cortan a gajos; se echan en agua acidulada con limón para evitar que se ennegrezcan. Se pelan las cebollitas, se pican muy finas y se llevan a una cazuela de pirex junto con la carne. Se cuece durante 1 minuto a intensidad máxima.

Se añaden las alcachofas, se sala ligeramente y se deja cocer a intensidad más moderada durante 5 minutos.

Se añaden las setas picadas, con un poco del agua del reblandecimiento filtrada; se tapa y se deja cocer otros 2 minutos.

Después de haber sacado de la cazuela la carne y las verduras, se pasa el fondo de cocción, se añaden las yemas y la nata y se amalgama bien todo. Se vuelve a la cazuela la carne y la verdura y se deja en reposo, destapado, 3 minutos. Se sirve, eventualmente, con arroz pilaf.

SALSAS

Salsa de alcaparras

cocción: 3 minutos
reposo: 1 minuto
* **calorías por persona: unas 100**
recipiente aconsejado: un vaso, incluso de papel

Ingredientes	*para 4 personas*	*para 2 personas*	*para 1 persona*
alcaparras	50 g	25 g	12 g
aceite extravirgen de oliva	50 g	25 g	12 g
ajo	1 diente	½ diente	¼ diente
perejil	1 manojo	½ manojo	un poco
anchoa	1 filete	½ filete	¼ filete
agua	2 cucharadas	1 cucharada	½ cucharada
sal	c.s.	c.s.	c.s.

Se llevan a la batidora las alcaparras con el perejil, el diente de ajo, sin el germen, se une el filete de anchoa (que será muy pequeño, y puede sustituirse por pasta de anchoa). Se diluye en agua y se añade el aceite.

Se lleva el preparado a un vaso y se deja cocer durante 3 minutos.

Se deja reposar la salsa 1 minuto y se sirve como acompañamiento de carnes hervidas.

Salsa al Roquefort

*

cocción: 1 minuto
calorías por persona: unas 150
recipiente aconsejado: tazón de pirex

Ingredientes	*para 4 personas*	*para 2 personas*	*para 1 persona*
Roquefort	50 g	25 g	12 g
mantequilla	30 g	15 g	7 g
nata fresquísima	2 cucharaditas	1 cucharadita	½ cucharadita
mantequilla pastada con harina	20 g	10 g	5 g

Sc llcvan todos los ingredientes al tazón de pirex.

Se cuece durante 1 minuto en el horno de microondas y, al final de la cocción se mezcla cuidadosamente.

Esta salsa está muy indicada para el pollo, la ternera y el cerdo, a la parrilla.

Salsa bechamel

** **cocción: 4 minutos**
calorías por persona: unas 200
recipiente aconsejado: de plástico

Ingredientes	*para 4 personas*	*para 2 personas*	*para 1 persona*
mantequilla	50 g	25 g	12 g
harina blanca	50 g	25 g	12 g
leche	500 g	250 g	125 g
sal, pimienta y nuez moscada	c.s.	c.s.	c.s.

Se funde la mantequilla, a la máxima intensidad, durante 30 segundos. Se añade la harina y se deja tostar durante 30 segundos.

Se añade la leche y se cuece mezclando un par de veces o, mejor, batiendo con un aparato de inmersión.

Se salpimenta, se añade —si agrada— nuez moscada a los 3 minutos de la cocción. Se sirve inmediatamente.

Salsa caliente de aceitunas

*

cocción: 3 minutos
reposo: 1 minuto
calorías por persona: unas 100
recipiente aconsejado: un vaso, incluso de papel

Ingredientes	*para 4 personas*	*para 2 personas*	*para 1 persona*
aceitunas negras	30 g	15 g	7 g
tomate (fresco o en puré)	30 g	15 g	7 g
aceite extravirgen de oliva	50 g	25 g	12 g
orégano	un pellizco	un pellizco	un pellizco
agua	2 cucharadas	1 cucharada	½ cucharada
sal	c.s.	c.s.	c.s.

Se deshuesan las aceitunas y se pasan por la batidora con el orégano y el tomate.

Se diluye con el agua y luego se añade el aceite. Se vuelve a batir y se rectifica de sal.

Se cuece durante 3 minutos en el horno de microondas y se deja reposar 1 minuto.

Esta salsa está muy indicada para acompañar pescados y carnes hervidas.

Salsa de pimientos rojos

*

cocción: 5 minutos
reposo: 2 minutos
calorías por persona: unas 150
recipiente aconsejado: tazón de vidrio

Ingredientes	*para 4 personas*	*para 2 personas*	*para 1 persona*
pimientos rojos	500 g	250 g	125 g
cebolla	1 pequeña	½	¼
mantequilla	20 g	10 g	5 g
nata	30 g	15 g	7 g
sal	c.s.	c.s.	c.s.

Se lavan los pimientos y, tras haber eliminado los filamentos y las semillas, se cortan a pedacitos.

Se corta a pedacitos también la cebolla y se llevan las verduras a un recipiente de vidrio; se añade la mantequilla y un pellizco de sal.

Se tapa el recipiente y se cuece en el horno durante 5 minutos.

Se deja reposar 2 minutos, se mezcla, se añade la nata, se rectifica de sal y se bate.

Esta salsa es excelente para pescados o pollo hervidos.

Salsa de tomate

* **cocción: 12-13 minutos**
calorías por persona: unas 80
recipiente aconsejado: tartera de pirex

Ingredientes	*para 4 personas*	*para 2 personas*	*para 1 persona*
tomates pelados	600 g	300 g	150 g
cebolla	1	½	¼
ajo	2 dientes	1 diente	½ diente
albahaca	1 ramito	½ ramito	unas hojas
aceite extravirgen de oliva	1 cucharada	½ cucharada	1 cucharadita
sal y pimienta	c.s.	c.s.	c.s.

Se pican ligeramente la cebolla y el ajo y se cuecen con un poco de aceite extravirgen de oliva durante 2-3 minutos.

Se añaden los tomates pelados y las hojas de albahaca desmenuzadas, se tapa y deja cocer durante 10 minutos.

Al finalizar la cocción se rectifica de sal y pimienta y se pasa la salsa por el pasaverduras o se trabaja con la batidora.

Salsa de atún

*

cocción: 2 minutos
reposo: 2 minutos
calorías por persona: unas 150
recipiente aconsejado: tazón de vidrio

Ingredientes	*para 4 personas*	*para 2 personas*	*para 1 persona*
atún en aceite	100 g	50 g	25 g
leche	50 g	25 g	12 g
ajo	1 diente	½ diente	¼ diente
aceite extravirgen de oliva	20 g	15 g	12 g
perejil picado	1 cucharada	½ cucharada	¼ cucharada
sal	c.s.	c.s.	c.s.

Se restriega con el ajo un tazón de vidrio, se echa el atún, la leche, el agua.

Se cuece durante 3 minutos en el horno de microondas.

Se deja reposar 2 minutos, se añade el perejil picado y se pasa todo por la batidora. Se rectifica de sal.

Es una salsa excelente para carnes hervidas, pechugas de pollo y también para los espagueti.

Salsa holandesa

**

cocción: 1 minuto
calorías por persona: unas 180
recipiente aconsejado: tartera de pirex

Ingredientes	*para 4 personas*	*para 2 personas*	*para 1 persona*
mantequilla	100 g	50 g	25 g
yemas	2	1	½
limón	1 exprimido	½ exprimido	¼ exprimido
sal y pimienta	c.s.	c.s.	c.s.

Se calienta la mantequilla durante 30 segundos, hasta que se funda totalmente.
Se añade el zumo de limón y luego las yemas, trabajando cuidadosamente con un batidor.

Se añade la sal y la pimienta y se vuelve a mezclar.

Se cuece en el horno de microondas durante 30 segundos y se vuelve a batir.

La salsa está muy indicada para pescados, verduras hervidas o pollo también hervido.

FRUTAS

Piña flambée

*

cocción: 5 minutos
calorías por persona: unas 200
recipiente aconsejado: bandeja de vidrio

Ingredientes	*para 4 personas*	*para 2 personas*	*para 1 persona*
cortes de piña	8	4	2
azúcar	1 cucharadita	un pellizco	un pellizco
Grand Marnier	1 cucharadita	½ cucharadita	unas gotas
piñones	unos cuantos	unos cuantos	unos cuantos

Se disponen las rodajas en una bandeja de servicio.

Se cuecen 5 minutos a máxima intensidad, se espolvorean con azúcar y se mojan con el Grand Marnier flambeado.

Se adorna con unos piñones.

Plátanos flambées

*

cocción: 4 minutos
calorías por persona: unas 120
recipiente aconsejado: bandeja de servicio

Ingredientes	*para 4 personas*	*para 2 personas*	*para 1 persona*
plátanos	2	1	½
azúcar	1 cucharadita	½ cucharadita	un pellizco
ron	1 salpicadura	1 salpicadura	1 sapicadura

Se cortan los plátanos por la mitad, en sentido longitudinal y se colocan en una bandeja.

Se llevan al horno durante 4 minutos. Se sacan del microondas, se espolvorean con azúcar, se salpican con ron, se encienden y se sirven inmediatamente.

Cerezas al Madera

*

cocción: 3 minutos
calorías por persona: unas 100
recipiente aconsejado: tazón de vidrio

Ingredientes	*para 4 personas*	*para 2 personas*	*para 1 persona*
cerezas	500 g	250 g	125 g
limón exprimido	1	½	¼
canela	un pellizco	un pellizco	un pellizco
Madera	1 copa	½ copa	unas gotas

Se deshuesan las cerezas con el aparatito idóneo, se llevan a un recipiente de vidrio, se mojan con el zumo de limón y el Madera y se añade la canela.

Se cuecen 3 minutos con el recipiente tapado.

Se dejan enfriar en la nevera. Se sirven las cerezas con helado de vainilla o limón, o bien con montoncitos de nata montada.

Mango al ron

*

cocción: 4 minutos
calorías por persona: unas 120
recipiente aconsejado: bandeja de servicio

Ingredientes	*para 4 personas*	*para 2 personas*	*para 1 persona*
mangos	2	1	½
azúcar de caña	1 cucharadita	½ cucharadita	1 pellizco
ron	1 salpicadura	1 salpicadura	1 salpicadura

Se disponen los mangos cortados por la mitad, en sentido longitudinal en una bandeja de servicio.

Se cuecen durante 4 minutos en el horno de microondas y se espolvorean con azúcar de caña, se salpican con el ron, se encienden y se sirven inmediatamente.

Manzanas a la miel

* **cocción: 15 minutos**
calorías por persona: unas 150
recipiente aconsejado: pequeño, de vidrio

Ingredientes	*para 4 personas*	*para 2 personas*	*para 1 persona*
manzanas	4	2	1
mantequilla	40 g	20 g	10 g
miel	30 g	15 g	7 g
pasas	30 g	15 g	7 g

Se lavan y secan las manzanas y, con el utensilio adecuado, se saca el corazón.

Se practican incisiones en la piel de las manzanas, sin pelarlas, para que no se abran durante la cocción.

En un tazón se empastan la mantequilla y la miel, añadiendo las pasas; con el preparado obtenido se rellenan los huecos de las manzanas. Se colocan las manzanas en un recipiente bastante justo, que las contenga a medida.

Se cuecen en el horno de microondas durante 15 minutos. Se sirven las manzanas tibias.

Peras con miel y avellanas

** **cocción: 10 minutos**
calorías por persona: unas 150
recipiente aconsejado: cazuela de vidrio

Ingredientes	*para 4 personas*	*para 2 personas*	*para 1 persona*
peras Kaiser	4	2	1
mantequilla	30 g	15 g	7 g
miel	20 g	10 g	5 g
avellanas	30 g	15 g	7 g
tartaletas de hojaldre del diámetro de las peras	4	2	1

Se lavan y secan las peras y con el aparatito adecuado se abren por la parte opuesta al rabo, sacando el corazón, pero respetando el rabillo.

Se practican incisiones en la piel, para que no se abran durante la cocción.

Se trabaja la mantequilla con la miel y las avellanas ligeramente picadas y se rellenan las peras con este preparado.

Se colocan en una tartera de vidrio que las contenga a medida y se cuecen en el horno de microondas durante 10 minutos.

Se sirven las peras tibias, colocadas en las tartaletas.

Peras Martina al vino tinto

* **cocción: 5 minutos**
calorías por persona: unas 100
recipiente aconsejado: de pirex

Ingredientes	*para 4 personas*	*para 2 personas*	*para 1 persona*
peras Martina	400 g	200 g	100 g
vino tinto	80 g	40 g	20 g
limón	1	½	¼
canela	un pellizco	un pellizco	un pellizco

Se lavan las peras y se cortan por la mitad, sin pelarlas; se practican incisiones en la piel para que no se rompa durante la cocción.

Se moja cada media pera con el zumo del limón y después con el vino tinto. Se espolvorean las peras con un polvo de canela, se colocan en un recipiente de pirex, que las contenga a medida y se cuecen 5 minutos con el recipiente tapado.

Se sirven las peras calientes, acompañándolas, si gusta, con un zabayón.

Melocotones al coco

*

cocción: 3 minutos
calorías por persona: unas 200
recipiente aconsejado: tartera de pirex

Ingredientes	*para 4 personas*	*para 2 personas*	*para 1 persona*
melocotones amarillos medianos	4	2	1
mantequilla	20 g	10 g	5 g
coco rallado	40 g	20 g	10 g
ron	1 salpicadura	1 salpicadura	1 salpicadura
chocolate	unas escamas	unas escamas	unas escamas

Se lavan y secan bien los melocotones. Con un palillo se practican algunos agujeritos en la piel para que no se abran durante la cocción.

Se parten los melocotones por la mitad y se elimina el hueso.

En un tazón se trabaja la mantequilla con el coco rallado y el ron.

Se disponen los medios melocotones en una bandeja de pirex y, en el centro de cada uno se distribuye parte del relleno.

Se cuecen al horno durante 3 minutos.

Se sirven los melocotones tibios, guarnecidos con algunas escamas de chocolate.

Melocotones rellenos

*

cocción: 3 minutos
calorías por persona: unas 200
recipiente aconsejado: tartera de pirex

Ingredientes	*para 4 personas*	*para 2 personas*	*para 1 persona*
melocotones amarillos	4	2	1
mantequilla	40 g	20 g	10 g
amarguillos	4	2	1
ron	1 salpicadura	1 salpicadura	1 salpicadura

Se lavan bien los melocotones y se secan.

Con un palillo se hacen algunos agujeritos en la piel, para evitar que se abra durante la cocción.

Se parten los melocotones por la mitad y se elimina el hueso.

En un tazón se trabajan la mantequilla con los amarguillos picados y el ron.

Se disponen los melocotones en una tartera de pirex y en cada uno se pone una parte del relleno. Se cuecen en el horno de microondas durante 3 minutos.

Se pueden servir los melocotones tibios, acompañados por helado de crema.

REPOSTERÍA

Budín con amarguillos

**
cocción: 6 minutos
reposo: 3 minutos
calorías por persona: unas 200
recipiente aconsejado: molde de vidrio

Ingredientes	*para 4 personas*	*para 2 personas*	*para 1 persona*
amarguillos	50 g	25 g	12 g
leche	400 g	200 g	100 g
harina	30 g	15 g	7 g
azúcar	70 g	35 g	17 g
huevos	3	1 y ½	1
cola de pescado	10 g	5 g	2,5 g

Ablandar la cola de pescado en agua fría. Entre tanto se baten los huevos con el azúcar, se añade la harina y se diluye con leche.

Se cuece en el horno, a media intensidad, durante 6 minutos, mezclando, por lo menos, un par de veces.

Se añaden los amarguillos deshechos y la cola de pescado partida.

Se mezcla con cuidado para disolver la cola de pescado.

Se deja reposar 3 minutos, dejando enfriar completamente antes de desmoldar y servir el budín.

Budín de avellanas

cocción: 7 minutos
reposo: 2 minutos
** **calorías por persona: unas 250**
recipiente aconsejado: molde de vidrio de un litro

Ingredientes	*para 4 personas*	*para 2 personas*	*para 1 persona*
avellanas	120 g	60 g	30 g
azúcar	100 g	50 g	25 g
bizcochos secos	30 g	15 g	7 g
mantequilla	40 g	20 g	10 g
huevos	5	2 y ½	1 y ½

Se unta ligeramente un molde de 1 l de capacidad.

Se monta, con crema, la mantequilla con el azúcar y se van añadiendo las yemas, una a una, sin añadir la siguiente hasta que la anterior no esté totalmente absorbida. Se añaden las avellanas picadas y los bizcochos triturados.

Se montan las claras a nieve dura y se incorporan delicadamente al compuesto, con movimiento de abajo hacia arriba (nunca en sentido circular, para no desmontarlos).

Se vierte la mezcla en el molde; se tapa con película agujereada, para permitir la salida del vapor, y se lleva al horno, a máxima intensidad durante 7 minutos, dando vuelta al recipiente, por lo menos un par de veces.

Se deja en reposo durante 2 minutos.

Se espera a que el dulce se haya solidificado, se desmolda y sirve con chocolate caliente.

Budin otoñal

**

cocción: 3 minutos
reposo: 2 minutos
calorías por persona: unas 100
recipiente aconsejado: 4 moldes de vidrio o cerámica

Ingredientes	*para 4 personas*	*para 2 personas*	*para 1 persona*
pulpa de manzana	200 g	100 g	50 g
pulpa de pera	200 g	100 g	50 g
almendras	30 g	15 g	7 g
bizcochos secos	50 g	25 g	12 g
azúcar	70 g	35 g	17 g
claras de huevo	2	1	½

Se trabaja la pulpa de las peras y manzanas con los bizcochos triturados, hasta la obtención de un compuesto totalmente homogéneo.

Se añade el azúcar, mezclando muy bien, y las almendras picadas.

Se montan las claras a nieve dura y se incorporan al compuesto, con un movimiento de abajo hacia arriba, para que no se desmonten.

Se untan ligeramente con mantequilla cuatro moldes y se vierte en ellos la preparación anterior.

Se cuece a máxima intensidad durante 3 minutos, dando vuelta a los moldes por lo menos un par de veces durante la cocción.

Se dejan reposar 2 minutos, se desmoldan y se acompañan con salsa de castañas.

Clafoutis de cerezas

**

cocción: 15 minutos
reposo: 3 minutos
calorías por persona: unas 250
recipiente aconsejado: bandeja

Ingredientes	*para 4 personas*	*para 2 personas*	*para 1 persona*
cerezas	500 g	250 g	125 g
huevos	3	1 y ½	1
harina	125 g	60 g	30 g
leche	100 g	50 g	25 g
azúcar	50 g	25 g	12 g
limón (corteza rallada)	1	½	¼

Se lavan y deshuesan las cerezas y se colocan en una bandeja; se cuecen 10 minutos.

En un recipiente se baten los huevos con el azúcar, se incorpora la harina y a continuación la leche, poco a poco, cuidando de que no se formen grumos. Se añade la corteza de limón.

Se vierte este preparado sobre las cerezas, se tapan con película y se mezclan por lo menos una vez, dándole vueltas al plato, durante unos 5 minutos.

Se dejan reposar 3 minutos. Se sirve el dulce frío, acompañándolo con nata ligeramente montada.

Crema al caramelo

**

cocción: 11 minutos
calorías por persona: unas 120
recipiente aconsejado: moldecitos de pirex

Ingredientes	*para 4 personas*	*para 2 personas*	*para 1 persona*
leche	400 g	200 g	100 g
vainilla o corteza de limón	un poco	un poco	un poco
huevos	1 + 3 yemas	½ + 1 yema	¼ + ½ yema
azúcar	80 g + 5 cucharadas	40 g + 2 cucharadas	20 g + 1 cucharada

Se coloca en el molde una cucharadita de azúcar y una de agua y se cuece al horno, a máxima intensidad durante 3 minutos, haciéndolos girar al cabo de 2 minutos y haciendo escurrir el azúcar disuelto y dorado por las paredes del molde.

Se hierve la leche con la vainilla o la corteza de limón.

En una terrina se trabaja el huevo entero con el azúcar, se añaden las dos yemas, se mezclan bien y se vierte la leche hirviendo.

Esta crema se lleva a los moldes, pasándola por un colador de malla espesa.

Se cuecen a baño maría en agua previamente tibia, en el horno de microondas durante 8 minutos, dándoles la vuelta cada 2 minutos. La crema habrá cuajado, pero aún estará blanda.

Desmóldese, una vez fría, con la ayuda de un cuchillo.

Crema de mandarina

*

cocción: 2 minutos
calorías por persona: unas 200
recipiente aconsejado: de vidrio

Ingredientes	*para 4 personas*	*para 2 personas*	*para 1 persona*
huevos	3	1 y ½	3/4
almidón de maíz	20 g	10 g	5 g
azúcar molido	70 g	35 g	17 g
mandarinas (zumo)	3	1 y ½	3/4
mandarinas (corteza rallada)	1	½	¼
leche	200 g	100 g	50 g

En un recipiente de vidrio se trabajan las yemas de huevo con el azúcar molido. Sin dejar de mezclar se añade el almidón de maíz.

Se diluye el compuesto en el zumo de mandarina, continuando la mezcla; se vierte la leche hirviendo, poco a poco, a la que se ha añadido la corteza rallada y se sigue mezclando para evitar la formación de grumos.

Se cuece en el horno de microondas durante 2 minutos.

Cuando la crema esté fría, si se desea, se pueden añadir las claras montadas a nieve dura, para que resulte más suave.

Se adorna con gajos de mandarina pelados y se sirve con bizcochos ligeros.

Crema a la vainilla

*

cocción: 6 minutos
reposo: 3 minutos
calorías por persona: unas 200
recipiente aconsejado: cazuela de pirex

Ingredientes	*para 4 personas*	*para 2 personas*	*para 1 persona*
leche	400 g	200 g	100 g
azúcar	80 g	40 g	20 g
huevos	3	1 y ½	1
harina blanca	50 g	25 g	12 g
vainilla	1 sobre	½ sobre	¼ sobre

En un recipiente se baten los huevos con el azúcar; después se añade la harina, la leche y la vainilla.

Se lleva a cocer al horno de microondas a media intensidad durante 6 minutos, mezclando de vez en cuando.

Se deja reposar la crema durante 3 minutos. Se bate, y se sirve la crema en copas guarnecidas con nata montada.

Crema de invierno

**

cocción: 2 minutos
reposo: 1 minuto
calorías por persona: unas 200
recipiente aconsejado: de vidrio, bajo y ancho

Ingredientes	*para 4 personas*	*para 2 personas*	*para 1 persona*
zumo de agrios	200 g	100 g	50 g
leche	200 g	100 g	50 g
huevos	3	1 y ½	1
corteza de limón rallada	1	½	¼
azúcar	60 g	30 g	15 g
fécula de patata	35 g	17 g	8 g

Se baten las yemas con el azúcar en un recipiente de vidrio, añadir la fécula y mezclar.

Se calienta la leche con la corteza de limón y se filtra.

Se añade a los huevos el zumo de los agrios, siempre mezclando; a continuación la leche caliente.

Se lleva al horno de microondas, en el recipiente tapado con película y se deja cocer durante 2 minutos.

Pasado este tiempo se deja enfriar y reposar. Se bate. Se montan las claras a nieve dura y se mezclan, de abajo hacia arriba, para que no se desmonten y el producto resulte suave.

Se deja la copa en el frigorífico hasta el momento de servir.

Dulce de arroz a la griega

**

cocción: 25 minutos
calorías por persona: unas 180
recipiente aconsejado: tartera de pirex

Ingredientes	*para 4 personas*	*para 2 personas*	*para 1 persona*
arroz de grano corto	150 g	75 g	35 g
agua caliente	300 g	150 g	75 g
mantequilla fundida	1 cucharada	½ cucharada	¼ cucharada
leche	600 g	300 g	150 g
huevos	2	1	½
azúcar	2 cucharadas	1 cucharada	½ cucharada
sal	½ cucharadita	un pellizco	un pellizco
pasas	50 g	25 g	12 g

En una tartera de suficiente cabida se mezclan el arroz, el agua y la mantequilla. Se tapa y se cuece durante 8 minutos.

Se añaden 3/4 partes de la leche y se continúa cociendo durante 12 minutos más.

Se baten cuidadosamente los huevos con la leche restante, el azúcar y la sal; luego se añaden las uvas pasas.

Se añade este preparado al arroz y se deja cocer 5 minutos más.

Se deja enfriar el dulce y después se espolvorea con azúcar y canela.

Pastelillos vieneses

**

cocción: 3 minutos
reposo: 1 minuto
calorías por persona: unas 250
recipiente aconsejado: tazón grande plástico

Ingredientes	*para 4 personas*	*para 2 personas*	*para 1 persona*
mantequilla	20 g	10 g	5 g
harina blanca	50 g	25 g	12 g
azúcar	50 g	25 g	12 g
cacao amargo	1 cucharada	½ cucharada	¼ cucharada
leche	50 g	25 g	12 g
clara de huevo	1	½	¼
levadura en polvo	½ cucharada	un poco	un poquito

Se funde la mantequilla y se mezcla con la harina y el azúcar.

Se trabaja el compuesto muy bien hasta que sea liso y homogéneo.

Se añade el cacao y después, poco a poco, la leche, sin dejar de mezclar continuamente.

Se incorpora delicadamente la clara montada a punto de nieve, con movimiento vertical, de abajo hacia arriba, nunca en sentido circular. Por último, se añade la levadura.

Se vierte el preparado en un recipiente de plástico ligeramente untado con mantequilla y se lleva al horno, a intensidad media, durante 3 minutos.

Se deja reposar 1 minuto y luego se sirven los dulces cortados en cubitos.

Mermelada de albaricoque

*

cocción: 15 minutos
calorías por persona: unas 100
recipiente aconsejado: tartera de pirex

Ingredientes	*para 4 personas*	*para 2 personas*	*para 1 persona*
pulpa de albaricoque	450 g	225 g	110 g
azúcar	230 g	115 g	55 g
limón	½ exprimido	unas gotas	unas gotas

Se lavan los albaricoques, se suprime el hueso y se cortan a pedacitos.

Se colocan los pedazos de fruta en una tartera de pirex, baja y ancha, se espolvorean con el azúcar y se mojan con el zumo de limón.

Se tapa con la película transparente y se cuece a intensidad media en el horno de microondas durante 15 minutos, recordando que se ha de mezclar de cuando en cuando.

Pasado este tiempo se bate y, aún caliente, se lleva a los recipientes de cierre hermético. Se esteriliza.

Mermelada de fresas

*

cocción: 15 minutos
calorías por persona: unas 100
recipiente aconsejado: tartera de vidrio

Ingredientes	*para 4 personas*	*para 2 personas*	*para 1 persona*
fresas	450 g	225 g	110 g
azúcar	230 g	115 g	55 g
limón	½ exprimido	unas gotas	unas gotas

Se lavan cuidadosamente las fresas bajo el chorro del agua y se suprime el rabito.

Se llevan a una cazuela de pirex, baja y ancha, se pulverizan con el azúcar y se riegan con el zumo de limón.

Se tapa con película transparente y se cuecen a intensidad media durante 15 minutos, mezclando de cuando en cuando.

Se baten, se vierte el preparado en los recipientes de cierre hermético y se esterilizan.

Mermeladas de frutos del bosque

* **cocción: 15 minutos**
calorías por persona: unas 100
recipiente aconsejado: cazuela de pirex

Ingredientes	*para 4 personas*	*para 2 personas*	*para 1 persona*
frutos del bosque mezclados	450 g	225 g	110 g
azúcar	230 g	115 g	55 g
limón	½ exprimido	unas gotas	unas gotas

Se lavan cuidadosamente las frutas del bosque bajo el chorro del agua y se separan los rabillos.

Se llevan a un recipiente bajo y ancho y se pulverizan con el azúcar. Se rocían con el zumo de limón y se tapan con película transparente.

Se cuecen a intensidad media durante 15 minutos, acordándose de mezclar de vez en cuando.

Se dejan enfriar hasta que estén tibios y se pasan por la batidora.

Se vierte el compuesto en los recipientes de cierre hermético y se esterilizan.

Mermelada de frambuesas

* **cocción: 15 minutos**
calorías por persona: unas 100
recipiente aconsejado: cazuela de pirex

Ingredientes	*para 4 personas*	*para 2 personas*	*para 1 persona*
frambuesas	450 g	225 g	110 g
azúcar	230 g	115 g	55 g
limón	½ exprimido	unas gotas	unas gotas

Se lavan cuidadosamente las frambuesas bajo el chorro del agua y se colocan en una tartera amplia y baja.

Se pulveriza con el azúcar y se mojan con el zumo de limón; se tapa con la película transparente y se cuece a intensidad media durante 15 minutos, acordándose de mezclar de vez en cuando.

Se bate el preparado, se vierte todavía caliente en los botes de cierre hermético y se esterilizan.

Mermelada de melocotón

*

cocción: 15 minutos
calorías por persona: unas 100
recipiente aconsejado: tartera de pirex

Ingredientes	*para 4 personas*	*para 2 personas*	*para 1 persona*
pulpa de melocotón	450 g	225 g	110 g
azúcar	230 g	115 g	55 g
limón	½ exprimido	unas gotas	unas gotas

Se lavan y pelan los melocotones, se elimina el hueso y se cortan a pedacitos, que se disponen en una tartera baja y amplia.

Se pulveriza con el azúcar y se moja con zumo de limón.

Se tapa con película transparente y se cuece en el horno de microondas, a intensidad media, durante 15 minutos, mezclando de vez en cuando.

Se bate el conjunto, y se vierte, todavía caliente en los botes de cierre hermético. Se esteriliza.

Salsa de fresas

*

cocción: 2 minutos
reposo: 1 minuto
calorías por persona: unas 150
recipiente aconsejado: de vidrio, bajo y amplio

Ingredientes	*para 4 personas*	*para 2 personas*	*para 1 persona*
fresas	400 g	200 g	100 g
azúcar	60 g	30 g	15 g
zumo de limón	unas gotas	unas gotas	unas gotas
Cointreau	1 cucharada	unas gotas	unas gotas

Se lavan rápidamente las fresas bajo el chorro del agua y se elimina el rabillo.

Se llevan a un recipiente de vidrio, ancho y bajo, que servirá para evitar las salpicaduras; se espolvorean con el azúcar, se añade el zumo de limón y el Cointreau.

Se cuece durante 2 minutos. Se deja reposar un minuto y se trabaja con la batidora.

Se eliminan las semillas pasando la salsa por un colador de malla muy fina.

Salsa de castañas

*

cocción: 1 minuto
reposo: 1 minuto
calorías por persona: unas 200
recipiente aconsejado: jarra de vidrio

Ingredientes	*para 4 personas*	*para 2 personas*	*para 1 persona*
mermelada de castañas	400 g	200 g	100 g
nata	150 g	75 g	35 g
chocolate fondant	30 g	15 g	7 g
brandy	30 g	15 g	7 g

Se lleva a la jarra el chocolate cortado a pedacitos, con la mermelada de castañas y el brandy.

Se cuece a la máxima intensidad durante 1 minuto.

Se deja reposar 1 minuto, se añade la nata, se mezcla y se sirve la salsa, fría o caliente, de acuerdo con los gustos.

Salsa Melba

* **cocción: 2 minutos**
reposo: 1 minuto
calorías por persona: unas 150
recipiente aconsejado: de vidrio, bajo y amplio

Ingredientes	*para 4 personas*	*para 2 personas*	*para 1 persona*
grosellas	300 g	150 g	75 g
melocotón amarillo	1	½	¼
azúcar	60 g	30 g	15 g
zumo de limón	unas gotas	unas gotas	unas gotas
coñac	1 cucharada	½ cucharada	unas gotas

Se lavan rápidamente las frambuesas bajo el chorro del agua y se elimina el rabillo.

Se pela el melocotón amarillo y se corta en cubitos. Se llevan las frutas a un recipiente de vidrio, bajo y amplio, se espolvorean con el azúcar y se mojan con el zumo de limón y el coñac.

Se cuece durante 2 minutos, se pasa por la batidora.

Se eliminan las semillas pasando la salsa por un tamiz espeso.

Budín de manzana

******

cocción: 3 minutos
reposo: 2 minutos
calorías por persona: unas 100
recipiente aconsejado: 4 moldes de vidrio o cerámica

Ingredientes	*para 4 personas*	*para 2 personas*	*para 1 persona*
pulpa de manzana	400 g	200 g	100 g
bizcochos secos	50 g	25 g	12 g
azúcar	70 g	35 g	17 g
claras de huevo	2	1	½

Se pasa por la batidora la pulpa de las manzanas con los bizcochos hasta obtener un producto completamente homogéneo.

Se añade el azúcar y se mezcla, amalgamándolo bien.

Se montan las claras a punto de nieve dura y se incorporan al preparado de manzana de abajo jacia arriba, en movimiento vertical, para que no se desmonten.

Se vierte el preparado en 4 moldecitos precedentemente untados con mantequilla y se cuecen, a la máxima intensidad, durante 3 minutos, dando la vuelta a los moldes, por lo menos dos veces.

Se deja reposar 2 minutos, se desmoldan y se sirven con salsa de fresas.

Soufflé de albaricoques

**

cocción: 5 minutos
reposo: 2 minutos
calorías por persona: unas 100
recipiente aconsejado: 4 moldes de vidrio o cerámica

Ingredientes	*para 4 personas*	*para 2 personas*	*para 1 persona*
pulpa de albaricoques	400 g	200 g	100 g
bizcochos secos	50 g	25 g	12 g
azúcar molido	70 g	35 g	17 g
claras de huevo	2	1	½

Se pasan por la batidora los albaricoques con los bizcochos para obtener un compuesto homogéneo. Se añade el azúcar y se mezcla con cuidado.

Se montan las claras a punto de nieve dura y se incorporan delicadamente al compuesto sin desmontarlas.

Se vierte el preparado en 4 moldes, ligeramente untados con mantequilla y se llevan a cocer, a intensidad máxima, durante 5 minutos, dándoles vuelta a los moldes por lo menos un par de veces.

Se dejan descansar 2 minutos y se sirven los soufflé volcados y acompañados con salsa de frambuesas.

Soufflé de peras

cocción: 3 minutos
reposo: 2 minutos
** **calorías por persona: unas 100**
recipiente aconsejado: 4 moldes de vidrio o cerámica

Ingredientes	*para 4 personas*	*para 2 personas*	*para 1 persona*
pulpa de pera	400 g	200 g	100 g
bizcochos secos	50 g	25 g	12 g
azúcar molido	70 g	35 g	17 g
claras de huevo	2	1	½

Se pasa por la batidora la pulpa de las peras con los bizcochos hasta la obtención de un compuesto totalmente homogéneo.

Se añade el azúcar, amalgamando bien.

Se montan las claras a punto de nieve dura y se incorporan delicadamente al preparado anterior con un movimiento de abajo hacia arriba, para que no se desmonten.

Se untan ligeramente con mantequilla los 4 moldecillos y se llenan con el compuesto.

Se cuecen casi a la máxima intensidad durante 3 minutos, dando por lo menos un par de veces la vuelta a los moldes durante la cocción.

Se dejan reposar 2 minutos. Se desmolda el soufflé y se acompañan con salsa de grosellas.

Torta de almendras

*

cocción: 5 minutos
reposo: 1 minuto
calorías por persona: unas 180
recipiente aconsejado: una ensaladera de plástico

Ingredientes	*para 4 personas*	*para 2 personas*	*para 1 persona*
mantequilla	40 g	20 g	10 g
harina blanca	100 g	50 g	25 g
azúcar	100 g	50 g	25 g
leche	100 g	50 g	25 g
almendras picadas	30 g	15 g	7 g
claras de huevo	2	1	½
levadura en polvo	1 cucharadita	un poco	un poquito

Se funde la mantequilla y se mezclan con él la harina blanca y el azúcar. Se trabaja el compuesto muy cuidadosamente, hasta que resulte liso y homogéneo. Sin dejar de mezclar se va añadiendo, poco a poco, la leche.

Se montan las claras a nieve dura, y se incorporan al preparado anterior de abajo hacia arriba, nunca en sentido circular, para que no se desmonten.

Se añaden las almendras picadas y la levadura.

Se vierte el preparado en un recipiente de plástico ligeramente untado en mantequilla y se cuece en el horno de microondas, a intensidad 8 durante 5 minutos.

Se deja reposar 1 minuto. Se sirve el dulce cortado en cubitos.

Tortita a la canela

*

cocción: 3 minutos
reposo: 1 minuto
calorías por persona: unas 150
recipiente aconsejado: plástico

Ingredientes	*para 4 personas*	*para 2 personas*	*para 1 persona*
mantequilla	20 g	10 g	5 g
harina blanca	50 g	25 g	12 g
azúcar	50 g	25 g	12 g
canela	1 cucharadita	un poco	un poquito
leche	50 g	25 g	12 g
claras	1	½	¼
levadura en polvo	1 cucharadita	un poco	un poquito

Se funde la mantequilla y se añaden la harina blanca y el azúcar.

Se trabaja la mezcla muy bien, hasta que sea lisa y homogénea.

Se añade la canela y después, poco a poco, la leche a temperatura ambiente, sin dejar de mezclar.

Se montan las claras a nieve dura, se incorpora delicadamente al preparado anterior, con movimiento vertical, de abajo hacia arriba, para que no se desmonten.

Por último se añade la levadura.

Se vierte el preparado en un recipiente de plástico ligeramente untado con mantequilla y se lleva al horno, a intensidad 8, durante 3 minutos.

Se deja reposar 1 minuto y luego se sirve cortado a tajaditas.

BEBIDAS

Bebida a la guinda

*

cocción: 2 minutos
reposo: 1 minuto
calorías por persona: unas 50
recipiente aconsejado: jarra de vidrio

Ingredientes	*para 4 personas*	*para 2 personas*	*para 1 persona*
guindas	100 g	50 g	25 g
azúcar	70 g	35 g	17 g
limón	1 cáscara	½ cáscara	¼ cáscara

Se lavan las guindas, se deshuesan y se suprime el rabillo. Se llevan a la jarra con el azúcar y la corteza de limón finamente rallada, añadiendo un vaso de agua.

Se cuece en el horno de microondas durante 2 minutos y se deja en reposo 1 minuto. Se filtra y deja enfriar.

Se diluye la bebida con agua fría y se sirve en vasos bajos y bien fríos.

Bebida de cerezas

cocción: 2 minutos
reposo: 1 minuto
* **calorías por persona: unas 50**
recipiente aconsejado: jarra de vidrio

Ingredientes	*para 4 personas*	*para 2 personas*	*para 1 persona*
cerezas	100 g	50 g	25 g
limón	1 corteza	½ corteza	¼ corteza
azúcar	60 g	30 g	15 g

Se lavan las cerezas, se deshuesan y se suprime el rabillo. Se llevan a una jarra con el azúcar y la corteza de limón picada muy fina; se añade un vaso de agua.

Se cuecen durante 2 minutos en el horno de microondas a la máxima intensidad. Se deja reposar 1 minuto, se filtra y se deja enfriar.

Se diluye la bebida con más agua fría y se sirve en vasos bajos y bien fríos.

Canario de la abuelita

*

cocción: 2 minutos
reposo: 1 minuto
calorías por persona: unas 30
recipiente aconsejado: 4 vasos de vidrio

Ingredientes	*para 4 personas*	*para 2 personas*	*para 1 persona*
limones	2	1	½
azúcar	50 g	25 g	12 g
agua	c.s.	c.s.	c.s.

Se dispone en cada vaso el zumo y la corteza de medio limón.

Se añade un poco de azúcar y el agua necesaria para llenar el vaso casi hasta el borde.

Se lleva al horno de microondas, a la máxima intensidad, durante 2 minutos, dando una vuelta a los vasos sobre sí mismos una vez.

Se deja reposar 1 minuto y se sirve el canario bien caliente.

Maracuyá con melocotones y guindas

*

cocción: 5 minutos
reposo: 1 minuto
calorías por persona: unas 30
recipiente aconsejado: ancho y bajo

Ingredientes	*para 4 personas*	*para 2 personas*	*para 1 persona*
azúcar	50 g	25 g	12 g
limón	1 corteza	½ corteza	¼ corteza
guindas deshuesadas	100 g	50 g	25 g
maracuyá	2 vasos	1 vaso	½ vaso

Se lava y pela el melocotón; luego se corta a pedacitos.

Se lleva a un recipiente bajo y amplio, adecuado para la cocción en el microondas, el melocotón cortado, las guindas bien lavadas y desprovistas del hueso.

Se añade el azúcar y, aproximadamente 1 l de agua.

Se cuece en el horno durante 5 minutos.

Se añade la corteza de limón y el maracuyá y se deja reposar 1 minuto. Se filtra y se sirve la bebida muy fría.

Cocktail perfumado

*

cocción: 2 minutos
reposo: 1 minuto
calorías por persona: unas 50
recipiente aconsejado: jarra de vidrio

Ingredientes	*para 4 personas*	*para 2 personas*	*para 1 persona*
limones	2 cortezas	1 corteza	½ corteza
naranja	1 corteza	½ corteza	¼ corteza
agua	1 vaso	½ vaso	¼ vaso
azúcar	50 g	25 g	12 g

Se reúnen en la jarra de vidrio la corteza de los limones, finamente triturada, lo mismo que la de naranja y el azúcar.

Se añade un vaso de agua y se cuece a máxima intensidad durante 2 minutos.

Se deja reposar 1 minuto y se filtra. Se deja enfriar la bebida y se sirve con seltz.

Grog al ron

*

cocción: 3 minutos
reposo: 1 minuto
calorías por persona: unas 100
recipiente aconsejado: 4 vasos de vidrio

Ingredientes	*para 4 personas*	*para 2 personas*	*para 1 persona*
limón	1 corteza	½ corteza	¼ corteza
ron	1 copa	½ copa	¼ copa
azúcar	50 g	25 g	12 g

Se pone en cada vaso un poco de corteza de limón, un poco de azúcar y un poco de ron.

Se completa con agua y se cuece a la máxima intensidad durante 3 minutos.

Se mezcla, se deja reposar 1 minuto y se sirve inmediatamente.

Mandarinita

*

cocción: 2 minutos
reposo: 1 minuto
calorías por persona: unas 30
recipiente aconsejado: 4 vasos de vidrio

Ingredientes	*para 4 personas*	*para 2 personas*	*para 1 persona*
mandarinas	2	1	½
azúcar	50 g	25 g	12 g
agua	c.s.	c.s.	c.s.

Se coloca en cada vaso el zumo y la corteza de la mandarina.

Se añade algo de azúcar y la cantidad de agua necesaria para casi llenar el vaso.

Se cuece en el horno de microondas durante 2 minutos a máxima intensidad, dándoles una vez vuelta a los vasos.

Se deja reposar 1 minuto antes de servir la bebida muy caliente.

Mezcla de frutas del bosque refrescantes

*

cocción: 5 minutos
reposo: 1 minuto
calorías por persona: unas 50
recipiente aconsejado: bajo y amplio

Ingredientes	*para 4 personas*	*para 2 personas*	*para 1 persona*
frambuesas	100 g	50 g	25 g
mirtilos	50 g	25 g	12 g
grosellas rojas	50 g	25 g	12 g
azúcar	70 g	35 g	17 g
limón	1	½	¼

Se lleva a un recipiente bajo y ancho la fruta bien lavada, la piel y el zumo del limón, y el azúcar, y se cubre con ½ l de agua.

Se cuece durante 5 minutos y se deja reposar 1 minuto.

Se pasa por la batidora y se filtra el líquido obtenido.

Se sirve la bebida muy fría, añadiendo, si es necesario, más azúcar.

Vin brûlé

*

cocción: 3 minutos
reposo: 1 minuto
calorías por persona: unas 100
recipiente aconsejado: bajo y amplio

Ingredientes	*para 4 personas*	*para 2 personas*	*para 1 persona*
vino rojo no excesivamente fuerte	3 vasos	1 y ½ vasos	3/4 vaso
brandy	1 copita	½ copita	unas gotas
azúcar	50 g	25 g	12 g
limón y naranja	1 corteza	½ corteza	¼ corteza
clavo de especia	1	½	un pedacito
canela	c.s.	c.s.	c.s.

Se llevan todos los ingredientes a un recipiente bajo y amplio, adecuado para la cocción en microondas.

Se cuece durante 3 minutos. Se filtra y se deja reposar 1 minuto.

Se sirve el vin brûlé en vasos individuales.

COLECCIÓN COCINA
Títulos publicados

Cocina adelgazante, La.
Clara Cesana
160 págs.

Cocina adelgazante con el horno de microondas, La.
Laura y Margherita Landra
160 págs.

Cocina de la abuela, La.
Ana María Calera
418 págs.

Cocina económica, La.
M.ª del Carmen Cascante
96 págs.

Cocina dietética, La.
Claudia Massetti-Gloria Rossi
192 págs.

Cocina especial, La.
Juan Ródenas Cerdá-Gloria Rossi Callizo
160 págs.

Cocina práctica y rápida.
M.ª del Carmen Cascante
96 págs.

Cocina rápida y completa con el microondas.
Laura y Margherita Landra
224 págs.

Cocina rica, sabrosa y equilibrada para diabéticos, La.
Gloria Rossi Callizo
128 págs.

Cocina vegetariana, La.
Oliver Gillissen
192 págs.

Cocinar bien en 5 minutos.
Gloria Rossi Callizo
160 págs.

Coma cuanto quiera controlando las calorías.
Clara Cesana
128 págs.

Cómo congelar y descongelar los alimentos en casa.
Alice Paggi
272 págs.

Cómo cocinar con la olla a presión.
M.ª del Carmen Cascante
96 págs.

Cómo cocinar los caracoles
Equipo de expertos Cocinova
96 págs.

Cómo se cocina el arroz.
Lisa Biondi
128 págs.

Conservas de verduras.
Tina Cecchini
80 págs.

Etiqueta en la mesa, La.
Ana María Calera
160 págs.

Gran libro de la cocina española, El.
Ana María Calera
448 págs.

Libro de las salsas, El.
Giorgio Stuart
160 págs.

Libro del bocadillo, El.
M.ª del Carmen Cascante
96 págs.

Manual moderno de pastelería casera.
M.ª del Carmen Cascante
208 págs.

Manual moderno de repostería.
Gloria Rossi Callizo
224 págs.

Manual moderno de chacinería casera.
Juan Serrahima
192 págs.

Manual práctico del microondas.
M.ª del Carmen Cascante.
160 págs.

Mejores tapas, cenas frías y platos combinados.
Gloria Rossi Callizo
224 págs.

Mis licores naturales.
Antonio Primiceri
160 págs.

Pasta, La.
Marigrazia Noccioli Foglia
192 págs.

Pastelería casera.
Elvira Arús
96 págs.

Prepare usted misma conservas de fruta y verdura.
T. Cecchini - M. C. Cascante
224 págs.

Prepare usted misma los mejores platos de la cocina francesa.
Alessandra Macchi - Claude Chabault
128 págs.

Impreso en España por
LIMPERGRAF, S.A.
Calle del Río, 17, Nave 3
Ripollet (Barcelona)